U0575271

侨界杰出人物故事丛书

邓稼先的故事

隋　倩◎编著

中国华侨出版社
·北京·

图书在版编目（CIP）数据

邓稼先的故事 / 隋倩编著. —北京：中国华侨出版社，2022.3

ISBN 978-7-5113-8657-1

Ⅰ.①邓…　Ⅱ.①隋…　Ⅲ.①邓稼先（1924-1986）—传记　Ⅳ.①K826.16

中国版本图书馆CIP数据核字（2021）第 209331 号

邓稼先的故事

编　　著：隋　倩
责任编辑：李胜佳
封面设计：何洁薇
经　　销：新华书店
开　　本：710毫米×1000毫米　　1/16　　印张：14.5　　字数：173千字
印　　刷：三河市华东印刷有限公司
版　　次：2022年3月第1版
印　　次：2023年7月第2次印刷
书　　号：ISBN 978-7-5113-8657-1
定　　价：58.00元

中国华侨出版社　　北京市朝阳区西坝河东里77号楼底商5号　　邮编：100028
发 行 部：（010）64443051　　传　真：（010）64439708
网　　址：www.oveaschin.com　　E-mail：oveaschin@sina.com

如发现印装质量问题，影响阅读，请与印刷厂联系调换。

目 录

第一章

纯真童年

1

翰墨世家

邓稼先的家乡在安徽省怀宁县一个叫作"白麟坂"的地方。地名中的"坂"字，究其本义，是指"河道两边对称分布的田地"。这个地方南依大龙山，东有凤凰河，西有白麟山，北有赤龟山，自古就有"四灵山水""龙山凤水"的美誉。其间有一大片土地，形如磐石，依山傍水，"白麟坂"因而得名。群山林木葱郁，水畔人烟相望。邓氏是坂上的大姓，共有三间祖屋，即远近闻名的邓家大屋、邓家老屋和邓家燕屋，其中，邓

邓稼先六世祖
——清代"篆刻书法第一人"邓石如

家大屋始建于清代乾隆年间，距今已有二百余年的历史。这间大屋的主人便是邓稼先的六世祖、被推崇为清代"篆刻书法第一人"的大家邓石如。

清代中叶，书家如林，书法、篆刻兼擅者亦比比皆是，而其中以独特风貌享誉后世的，当首推乾嘉年间的邓石如。这位书坛泰斗的书法被誉为"五体皆能"，大文学家曹文埴更是评赞其"四体书皆为国朝第一"。他的篆书不仅吸取了汉唐篆字的体势笔意，而且一改宋明篆书的刻板拘谨，

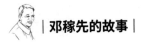

具有朴厚沉雄的韵味。他的隶书更是被推崇为"千年第一"。独特的风格、深厚的造诣使邓石如的书刻在众多大家中自成一派，称为"邓派"。可是，对于自己成就斐然的艺术人生，邓石如却这样描述："我少时未尝读书，艰危困苦，无所不尝；年十三四，心窃喜书；年二十，祖父携至寿州，便已能训蒙；今垂老矣，江湖游食，人不以识字人相待。"寥寥数语，字里行间，未能得见一个书刻大家的意气风发，却能读到一个寒门学子的平凡淡然。邓石如一生低调自谦，是名副其实的"布衣书刻大家"。

邓石如生于清乾隆八年（1743年）。邓家虽为书香，却系寒门。祖父与父亲都酷爱书画，但始终家境贫寒，最终皆以布衣终老穷庐。邓石如9岁开始跟着父亲读书，但因苦于生计，他不得不和村童们一起，起早贪黑，靠伐薪砍柴、挎篮卖饼来贴补家用。可是，艰苦的环境没能埋没邓石如的天赋。邓石如遗传了祖辈优秀的书刻艺术基因，在祖父和父亲的影响下，他对书法、金石、诗文生发出浓厚的兴趣。尽管没有条件读书，但他想方设法地利用一切闲暇时间刻苦研习，几年后竟小有所成。到了17岁，他已经可以靠写字、刻印谋生，正式开启了自己的书刻艺术生涯。20岁的邓石如开设了私塾蒙馆，开蒙教书。21岁，家里突遭变故，因妻子不幸辞世，邓石如决定关闭蒙馆，外出游历，借以缓解内心的伤痛。此后，他一边游历，一边学习，在书刻艺术上的造诣也日益精进，受到很多大家、知音的赏识。

邓石如曾在大学者梁献的举荐下，到金陵（今南京）举人梅谬家学习。梅家既是宋代以来的望族，也是清朝康熙皇帝御赐翰墨珍品最多的家族，家藏"秘府异珍"和秦汉以后历代许多金石善本。梅谬敬贤爱才，将自己的珍藏倾囊而出，供邓石如研究学习。邓石如对这样宝贵的学习机会十分珍视，在梅家一待就是八年。八年中，他如饥似渴地综观博览，悉心研习，苦下其功，日日不辍。他总是拂晓即起，擦拭书案，汲水研墨。一切准备就绪，他便就着净几，专心习字。从晨至暮，须臾不停，一直要练到把早晨磨出的一大盘墨水完全用干，才肯停下笔来，上床休息。他对梅家珍藏的中国古代经典反复研究揣摩，从篆书到分隶，从隶书到章草，从今草到楷书、行书，八年的孜孜以求使他成为清代为数不多能贯通"篆隶真行草"五体的书法家。他的书法得到曹文埴、金辅之等人的推奖，声名大振。

邓石如一生凭书刻艺术立世，不求为官经商，也不愿攀附权贵。在朋友们心中，他为人光明磊落，性格刚直不阿，无款曲，无媚骨，无俗气，称得上顶天立地的一个伟男子。1790 年秋，乾隆皇帝爱新觉罗·弘历八十寿辰，曹文埴计划入京祝寿，邀请邓石如一同前往。邓石如欣然同意，却执意不肯和曹文埴的车队同行。他依然是自己独游山水时的一贯装束，头戴草帽，脚蹬芒鞋，骑着毛驴，悠然前往。当他到达时，京城内早已是大家云集，名人荟萃。不久，邓石如凭借其傲人的书刻才华，脱颖而出，一时间名震京城。他的字为书法家刘文清、鉴赏家陆锡熊所见，大为惊异，不禁赞叹："千数百年无此作矣。"当然，众人之中爱才仰慕者有之，妒贤嫉能者亦有之。当时，世人皆以内阁学士翁方纲为书法宗师，众人敬仰，趋之若鹜，翁方纲因此骄横一时。唯独邓石如到京后，没有慕名拜见他。这令盛气凌人的翁方纲很是气恼。于是，他先是极度贬抑邓石如的书法，又对他极力排挤，致使邓石如一时间陷入了困境。对此，邓石如不屑与之计较，一笑置之，并毅然决定离京。

临行前，曹文埴为他修书一封，将他举荐给时任兵部尚书、两湖总督的毕源作幕宾。此后，邓石如便前往武昌，一边继续研究书刻，一边为总

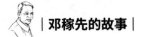

督之子教读《说文字原》，生活算得上衣食无忧，安逸闲适。但是，总督府上整日里贵客公卿，人来人往，攀附者如群蚁附膻。这令邓石如的内心十分纠结。他自然知道，趋炎附势，阿谀拍马，被许多人视为官场攀升的捷径。而自己作为幕宾，乃官员手下的谋士和食客，又怎么能不"入乡随俗""遵规守矩"呢？可是，他实在无法违逆本心。每次被请至堂前与人谈艺论道，无论来者何人，他一贯不改布衣芒鞋的装束，言谈举止间也难有谄媚奉承之意。久而久之，他的做派显得与这总督府格格不入，不免落落寡合。三年后，邓石如毅然决定离去。这一次，他决定回归故里，回到他一直梦牵魂萦的家乡。1793年，邓石如在家乡白麟坂购置土地40亩，建瓦房24间，此即邓家大屋。因为十分喜爱毕源所赠一块回方铁砚，邓石如将自己的书斋命名为"铁砚山房"，并亲书匾额，悬挂于大门之上。

邓稼先的出生地——位于安庆市怀宁县白麟坂的铁砚山房

邓石如大半生游历在外，回乡之后，他曾自刻印章两枚："家在四灵山水间""家在龙山凤水"，字里行间充满着他对家乡的无限热爱和眷恋。

邓石如一生书刻为伴，他的行书作品中有一篇极为著名的《陈寄鹤书》，源自一个动人的故事。清嘉庆元年（1796 年），邓石如由怀宁经扬州、往京口（镇江）拜访好友袁廷极。当时，袁家养了一雌一雄两只鹤，邓石如见了怜爱不已。此时的袁廷极正准备前往京城为官赴任，于是慷慨地以鹤相赠。老友的决定让性情慈悲、久有护生心愿的邓石如喜出望外，因为此时正值他的铁砚山房落成不久，长子也刚刚出生，在这个时候得到了两只鹤，真可谓好事连连，鹤（贺）喜成双。于是，邓石如心怀万分喜悦，由水路将两只鹤送回了怀宁老家。据说，这两只鹤至少有 130 岁的高龄，被视为"神鹤"。而

邓石如行书作品《陈寄鹤书》
（局部）

更具奇幻色彩的是，鹤与人竟上演了一幕"鹤在人在，鹤亡人亡"的悲情故事。嘉庆六年（1801 年）冬天，雌鹤在溪涧饮啄。一个歹人见鹤起意，想要抓住卖钱。雌鹤拼命挣扎，以死相搏，最终未能幸免而惨死。仅仅隔了十数天，邓石如的妻子沈氏竟也撒手人寰。妻子的过世令邓石如伤心至极，而失去雌鹤的雄鹤也终日孤鸣不已。每每与悲戚的孤鹤相伴，邓石如也禁不住内心怆然。此情此景也总能令他想起亡妻和自己眼下孑然一

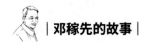

身的境遇。思虑再三，为免睹鹤伤情，邓石如决定将鹤送往三十里外的集贤关佛寺，寄养于僧舍之中。临别前，他与鹤说了很多话，殷殷切切，如同一位老父亲在和自己的儿女依依惜别。从此，邓石如亲自担粮饲鹤，无论寒暑，三十里往返，每月坚持不懈。一天，正在扬州大明寺小住的邓石如收到家信，信中说寄养于寺中的雄鹤被安庆知府看中，并派人抓回了府中。邓石如又惊又气，即刻启程赶回安庆。到家后第一件事就是向知府上书陈情索鹤，一挥而就《陈寄鹤书》。这篇陈情书用行书写就，文章措辞严厉，不卑不亢。行文时而哀婉动人，催人泪下，历数自己得鹤、寄鹤的悲欣往事；时而气势如虹，极尽排比拟人，文辞如云幻天，尽陈失鹤的痛苦心情。"在别人眼里，那也许只是一对较为神异的鹤，但于我而言，那是相依为命的精神寄托，纵使知府权势滔天，但为了这只鹤，我可以将生死置之度外！"他在文中直言："大人之力可移山，则山民化鹤、鹤化山民所不辞也！"知府接书，无言以答，只能将鹤送还佛寺。嘉庆十年（1805年）四月，雄鹤因与巨蛇缠斗，不敌被困而死。六个月后，邓石如也随鹤而去，享年63岁。这便是一段人鹤两化、聚散情义的传奇。

邓石如就是这样一位至纯至真的人，虽然其一生艺术成就堪称"登峰造极"，却始终淡泊名利，坚守本心。他的好友师荔扉赞赏他"难得襟怀同雪净，也知富贵等浮云"。邓石如一生以"山人""山民"自居，醉心于山水自然、书刻艺术之中，不慕富贵，旷达平和。这样的纯与真，浸入了血脉，在邓氏子孙身上传承延绵，令邓氏家族一再闪耀生辉！——长子收藏大家邓传密，重孙教育家邓艺孙，五世孙现代美学家、美术史家、教育家邓以蛰、教育家邓季宣，六世孙中国核武器理论研究奠基人、"两弹元勋"邓稼先……

1981 年，邓稼先在杭州西泠印社邓石如塑像前留影

2
父 亲

邓稼先的父亲邓以蛰,字叔存,
在学界可谓鼎鼎大名,是我国著名
的美学家、美术史家、艺术理论家
和教育家。他在美学研究上的成就
和地位,尤为卓然不群,与同时代
的著名美学家宗白华并称"南宗北
邓",被尊为中国现代美学的奠基人
之一。

清光绪十八年(1892年),邓
以蛰出生于怀宁邓家大屋铁砚山房。
作为书刻大家邓石如的五世孙、教

邓稼先的父亲——著名美学家、美术
史家、艺术理论家和教育家邓以蛰

育家邓艺孙的第三子,他不仅秉承了"资性高逸,思致幽眇"的过人禀
赋,而且因长在衣食无忧的翰墨世家,从小便接受了正规的传统教育——
入私塾开蒙,读四书五经,修琴棋书画。在深厚家学的熏染下,他饱读诗
文,尤工山水,这无疑造就了他作为美学宗师的深厚文化底蕴。如若不是
生逢时局动荡的清末乱世,邓以蛰的人生也许会顺理成章地循着祖辈的足
迹,承其衣钵,走上书画艺术的道路,成为一代书法家。

但是，时势造人。当时的中国社会可谓一派乱象：列强横行，朝廷腐败，诸般势力风云际会，各种思想激烈交锋。西学风气尤其强劲，沿海沿江逆流而上，影响巨大。有识之士都深深意识到，中国要救亡图存，国人必须"睁眼看世界"。

光绪三十三年（1907 年），心怀救国梦想的邓以蛰与二哥邓仲纯一同东渡日本，进入弘文书院学习日语，成为旧中国较早一批留学海外、接受西方教育的知识分子。在日本求学期间，邓以蛰兄弟租住在东京清寿馆。在此，他们结识了几位近邻，其中一位不仅是他的怀宁同乡，更是日后中国新文化运动的发起者和领导人、中国共产党的主要创始人之一——陈独秀。与陈独秀的交往，为邓以蛰打开了一个新世界——新文化、新思想在他内心悄然萌芽、快速生长。

1911 年，邓以蛰学成归国。在身为教育家的父亲影响下，他决定投身文化教育事业。在安庆陆军小学任教

中国新文化运动的发起者和领导人、中国共产党的主要创始人之一陈独秀

青年邓以蛰

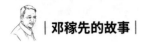

的他决心打破传统私塾教育的呆板沉闷，将新风气带入学堂。10月，辛亥革命爆发，汹涌的革命浪潮很快席卷至安徽大地。武昌起义胜利后短短两个月，安徽也宣布独立。新政府成立后，邓以蛰受邀担任了安徽省教育司司长。而此时的陈独秀也已回国，辛亥革命后，辗转于安徽、上海、北京各地，并全力创办了《新青年》杂志。听闻邓以蛰出任司长的消息，他立即写信祝贺。信中，他分析中国革命之形势，强调思想启蒙之重要，并鼓励邓以蛰继续学习深造，深究西学思想，学成后为民族振兴效力。对此，邓以蛰深以为然，思虑再三，他决定听从老友陈独秀的建议。经过与父亲的商议，他辞去了司长职务，并于1917年远赴大洋彼岸的美国，进入纽约哥伦比亚大学学习哲学，主攻美学。可以说，这是邓以蛰人生的一次重大抉择。由此，他有机会更加充分、全面和深入地了解西方文化，在思想上更为兼容并包。对西方美学思想的系统学习和研究，为其日后成为美学宗师打下了坚实的基础。

在邓以蛰的心中，比自己大13岁的陈独秀亦师亦友，常常像一盏明灯，在人生紧要处为他指引方向。为此，邓氏兄弟与陈独秀情谊笃深，而且这样的深情厚谊延续终生。1932年9月，陈独秀在上海公共租界被捕，被国民党反动派政府判刑入狱。听闻这个消息，刚刚完成欧洲游历的邓以蛰一回国就专程前往南京老虎桥监狱看望陈独秀。邓以蛰带去了钱物，也带去了乡情和友谊，令陈独秀十分感动。二人相见，交谈甚欢。他们漫步在陈独秀独立监室外的廊檐下，一同回忆着当年在日本留学时情形。邓以蛰百感交集地看着眼前这位可亲可敬的大哥、故友——虽身陷囹圄，却一身从容，不改常态，"八字驾步，走起路来有点摇摇摆摆"。邓以蛰曾在回忆文章中动情地描述：

（陈独秀）极锐利的目光带着向前稍勾一点，谈话时眼睛爱向上看，忽尔闭，忽尔睁的。他的一双眼睛，最能代表他的为人——盯则表示他看重事实，仰则是不断地向他的理想，一睁一闭显示着他遇事有决心。他的口才流利，幼年与人谈话往往终日不倦，戏谑杂出，一言不相投便嚷骂随之，朋友们爱他憎他都在这一点。因为他谈话痛快流利，不假做作。牢狱生活使陈独秀清瘦憔悴，满面菜色。他两鬓已斑，头发花白，头顶上的灰白长发向后梳着。身上穿着一件灰色的哔叽长夹袍，旧得只剩沿边一带还保持本来较深的颜色，其余的部分都褪得成皮蛋壳般的颜色了。

1936 年，"西安事变"爆发后，陈独秀终于结束了牢狱生活。此后，邓氏兄弟四处寻找失去音信的陈独秀。直到 1938 年 8 月，二哥邓仲纯才在重庆寻访到陈独秀的行踪，并接其一家到他所在的江津居住。学医的邓仲纯在江津开了一家"延年医院"，之后他成了陈独秀的义务保健医生和通讯员。就这样，邓仲纯、邓季宣兄弟一直悉心照顾陈独秀晚年生活，直至其终老。

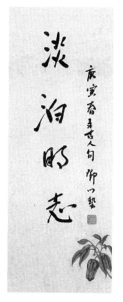

邓以蛰书画作品

1923 年，邓以蛰因母亲病逝，不得不终止了自己的留学生活回到祖国。归国后，他先后收到清华大学、北京大学、厦门大学等著名高校的邀请，担任教职。在大学任教期间，他在教学之余潜心美学理论研究，著作颇丰，渐入学术创作最为辉煌的时期。他提出的中国绘画理论产生了巨大影响，对后辈艺术创作理念的转变起到了至关重要的作用。

　　无论在哪一所大学任教，师生、朋友们眼中的邓以蛰都是一位融传统与现代、中学和西学于一身的大家。在清华园哲学系，他与金岳霖先生交往甚密，金岳霖评价他："叔存是朋友中最雅的。"这个"雅"，是魏晋风度中的"雅人深致"，既传承了中国文人的传统，又有"西洋风度"。中西结合，成为美学宗师邓以蛰的精神底色。他这一生虽然声名在外，但邓氏祖辈世世代代淡泊名利、刚毅正直、不事权贵的价值观依然深入骨髓。无论他的家搬去何处，书房正堂上方始终高悬着一块匾额，上书"松风水月"四个大字。之所以从未撤换过这块匾，并非因为上面的字是明末崇祯皇帝的御笔亲题，而是因为"松风水月"这四个字恰是邓以蛰性情的真实写照，他用自己的一生不懈追求"松风水月"之境界——功名利禄皆为过眼云烟，恬淡自适才是人生哲学。

　　在北平任教的日子，是邓以蛰人生中最惬意轻松的时光。他栖居清华园西院十五载，时常喜欢穿行茂林，漫步荷塘，或至圆明园，融入自然与历史的景致，感悟人文精神与人生真谛，毕生追求真善美的艺术境界。闲暇时，他常与好友钱钟书、林徽因、金岳霖等相聚在一起谈天说地、品茗赏画。

　　但好景不长，这样的日子很快被战火摧毁。卢沟桥的炮声打破了他平静的书斋生活。1937年"七七事变"之后，北平沦陷，北大、清华、南开三所高校，迁往长沙，组建临时大学。邓以蛰本想随行，但由于身患肺病，身体虚弱，只能作罢。失去了教职，邓以蛰一家只能靠积蓄清贫度日。一天，昔日一位交情不错的朋友来访，邓以蛰赶紧奉茶热情款待。但这位朋友的神情明显不同往常，说话支支吾吾，措辞拐弯抹角。邓以蛰很快觉察到来人的用意。原来，这位朋友已经在伪政府谋得了差事，领上了薪水，如今来拜访的目的是想说服邓以蛰接受伪政府的委任。一贯温文尔雅的邓以蛰立刻面露愠色，提高了声音，呵斥道："送客！我家以后不欢迎你！"弄得来人满面羞愧，慌忙夹起公文包，低头溜出了大门。

邓以蛰是一位不折不扣的爱国者，出生在乱世，亲身经历了朝廷腐败、军阀混战、列强欺凌瓜分中国的岁月，如今又遭日寇铁骑蹂躏，种种痛苦刻骨铭心，令他永难忘记。国难当头，朋友私交和民族大义，孰轻孰重，了然于胸。他断然拒绝为伪政府工作，为躲避纠缠，索性将家搬到了乡下，靠着一片自己种的菜园来养活家人。在这样的境地下，即使全家忍饥挨饿，即使无钱医病买药，他也坚持着没有卖掉先祖邓石如的书画原作和其他珍藏。而在中华人民共和国成立后，邓以蛰却慷慨地将这些珍品全部无偿捐献给国家。故宫博物院曾举办"邓石如先生诞辰 220 周年纪念展览"，展品多为邓以蛰捐出的书画篆刻珍品。父亲的一言一行，对少年邓稼先而言，是言教身教，是表率示范，影响至深。

1924 年 6 月 25 日，初夏季节的铁砚山房，邓以蛰夫妇迎来了他们的第四个孩子。继夭折的长女、二女仲先、三女茂先之后，他们有了第一个儿子。该给儿子取个什么样有意义的好名字呢？邓以蛰对夫人说："唐宋八大家之一的苏洵，为其两个儿子取名为苏轼、苏辙，是煞费了苦心的。为此，他还着意撰写了一篇散文《名二子说》，说明了'轼'和'辙'二字的微言大义，足见古人对命名的审慎。"说完，他遥望着窗外白麟坂上夏日绿油油的田野，刚刚吐穗的稻谷在微风中起伏。他心中有了一个闪念，思忖片刻，悠然说道："我们的儿子就取名为'稼先'吧！古人说，禾之秀实，而在野曰'稼'。'稼'，就是田野里已经秀穗结实之禾。儿子叫'稼先'如何？"没等夫人回答，他接着说："民以食为天。希望我们的儿子能

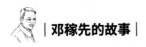

牢牢根植于中华大地，早早秀实成熟，成为造福民众的沧海之一粟。"

邓以蛰对长子自然寄予了厚望。身为教育家的他对小稼先始终坚持宽严相济的教育方式。

小稼先 5 岁开始读小学，除日常学业外，父亲又让他课余时间去私塾家馆中借读，并请先生教他《左传》《论语》《诗经》《尔雅》等古代典籍，还常常把他叫到书房，亲自检查他的诵读。有一次，邓以蛰的挚友张奚若教授到家中做客，正碰上小稼先身穿一件及地长袍，站在高他一头的取暖铁炉前面，老老实实地在背诵《诗经》《尔雅》。张教授甚感奇怪，便问邓以蛰："叔存兄，如今孩子都进了新式学堂，怎么说您也是海外留学回来的，又从事教职，为何要让自己的孩子背这些老古董啊？"在这位研究政治的先生眼中，新文化运动轰轰烈烈，如今若再让孩子入私塾、读四书五经，未免有些逆时代潮流，心中疑惑，忍不住直抒胸臆。邓以蛰听了淡然一笑，身为美学家的他心中自然另有深意，他解释说："嗨，没什么，我只不过是想让小孩子知道一下我们中国文化里都有些什么东西，这有好处啊！"当然，学贯中西的邓以蛰不仅要求小稼先读中国的四书五经，还要他读外国的文学名著。上小学时的邓稼先已经读过了莫泊桑、屠格涅夫、陀思妥耶夫斯基等许多名家的著作。对小稼先的英文，邓以蛰更是亲自担任启蒙老师，指点其正确的学习方法。

邓以蛰虽然严格地督促小稼先的学习，却从不用孔孟伦常的严厉规矩来束缚孩子们的心性。他即使去国外游历，还不忘写信给夫人，嘱咐她说："我们是小孩子亲爱的父母，并不是他们的阎王。"言短情长，这字里行间既凝结了邓以蛰对孩子们深沉的父爱，也显示出人本教育理念对他的深刻影响。

国家危亡之际，邓以蛰为儿子选定了"学科学"的人生道路。在邓稼先隐姓埋名研制原子弹的二十余年里，他多次隐瞒自己的病情，全力支持儿子的事业。当邓稼先成功完成原子弹爆炸实验时，他已病入膏肓。1973年5月2日，邓以蛰陷入弥留。他微微睁开双眼，儿孙们全都围在身边，连平时很难见上一面的稼先也守在床前。他苍白的脸庞上泛起淡淡的笑容，耳边似乎轻轻回响起家乡的黄梅调，历历往事如过电影般在脑海中急速穿梭，思绪随之越飘越远……一代美学大师驾鹤西去。

金岳霖送别老友，题写挽联：

露霜葭苍，宛在澄波千顷水
屋深月满，依稀薛荔百年人

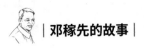

附：

回忆父亲邓以蛰（节选）

邓稼先（许鹿希整理）

1999年5月

　　童年以后，我很少生活在父亲身边，但父亲的慈爱，伴随着我的一生。

　　父亲邓以蛰，字叔存。1892年1月9日生于邓家故居，少年时代在家乡读私塾。家中祖辈在书画方面的成就对他影响很大。父亲一生主要在清华大学任教，中华人民共和国成立后，1952年高校院系调整，去北京大学任教授，他一生讲授美学和美术史。

　　童年时代，父亲对我的教育很严格，除了学小学的课程以外，还让我读四书五经，每天背诵古诗词。后来又让我苦读英文，专攻数学，为我打下了全面的文化基础。这些学习使我终身受益。后来从事科研工作，我能用准确简练的文字写出科研报告，并能直接阅读外文参考资料，就是童年时代打下的基础。日寇统治时期，日本侵略者为庆祝侵略中国，强令学生游行，我出于爱国心将那游行的旗子踩在脚下，招来杀身之祸，父亲果断地让大姐带我逃离北平，奔向大后方。告别时，父亲谆谆叮嘱我："稼儿，为了祖国的强盛，你要立志学科学，将来报效国家。"

　　1940年春末，我告别父亲，穿过层层封锁线，转香港经越南到昆明，十七岁考入西南联大物理系。在日本敌机轰炸下躲防空洞的日子里，我牢记父亲的期望，苦学苦读，准备为祖国的强盛，贡献自己的一生。

1950年，我在美国获博士学位后回国，牢记父亲的叮嘱，走上科研岗位。后来从事国防科研工作，研制核武器，隐姓埋名二十八年，就很难再看到父亲。但父亲的慈爱始终伴随着我，给我以力量和支持。父亲从不问及我的工作，父母极想念儿子，却从不表示希望见我，父亲病重时，也从不要求我看望。老人知道儿子需要坚守岗位，他全心支持我为了祖国的强盛献出自己的一切。

父亲1929—1937年、1945—1952年都在清华大学任教，先后达十五年之久，清华的传统是注重学术研究，学术气氛很浓，而且学者众多。父亲主要的理论著述，多在清华任教时期完成。

父亲在清华大学任教时住清华西院宿舍，成为杨武之教授的邻居，所以儿童时代，杨振宁就是我亲密的伙伴。1952年以后父亲任教北大，住北大校园内的朗润园一百五十九号平房宿舍二十一年，退休以后，仍热心培养青年，关心中国美学的发展和建设。

我对父亲的专业了解甚少，但父亲的人生追求，对教学的严肃认真，待人的真诚，生活的朴素，特别是他那强烈的爱国心和民族自豪感，深深地影响着我。他那严于律己、宽容待人的性格，给我留下了难忘的印象。他和他的同代人，在学术上相互切磋，国难当头时彼此关心帮助的情景，使我感受到中国知识分子肩负着国家强盛、民族振兴的重任。父辈传给我们的精神力量，激励我们面对任何困难，勇往直前。

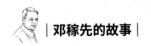

3
母　亲

　　邓稼先的母亲王淑蠲（juān）与父亲邓以蛰同为安徽怀宁人，出生在经济小康的文人家庭，幼时曾入私塾学习。年轻的王淑蠲嫁入了"铁砚山房"，家人为她准备的嫁妆里，就有一方名贵的古砚。作为一个生活在旧中国的女性，识文断字，知书达理，已属难得，在嫁入书香门第后，更是耳濡目染，沉浸熏陶，令她在保持贤淑质朴的同时，兼具了知识女性的胸襟和见识。1925 年的早春二月，邓夫人带着两个女儿和八个月大的邓稼先来到北平，与丈夫团聚。

　　当时的邓以蛰受聘于北京大学担任哲学系教授。从怀宁到北平，从小乡村到大都市，从家庭主妇到教授夫人，生活环境和身份地位发生了巨大的改变。王淑蠲从小生长在安徽乡村，与丈夫邓以蛰的婚姻也是典型的旧式包办婚姻。如今，丈夫是学贯中西的学问家，又在高等学府任教，交际圈子几乎都是新派的高级知识分子，包括徐志摩、朱光潜、闻一多、张奚若、陶孟和、金岳霖、刘九庵、钱钟书，等等，知名者不胜枚举。聚会时，常常是离了林徽因家的"太太客厅"，又去了金岳霖的"星期六碰头会"，话题要么是政治时局，要么是艺术鉴赏。他们中不乏出双入对的伉俪。而邓以蛰总是独来独往，"原因是他家仍然维持了男女分别活动的原则"。但这一切似乎并未令邓夫人手足无措，因为她的内心只抱定一个朴素的信念，无论在哪里，照顾好丈夫和孩子永远是自己最大的责任。

　　王淑蠲身材不高，衣着朴实，站在伟岸挺拔的丈夫身边，更显得娇小玲珑。可几乎所有接触过她的人都能感受到她瘦小的身体里辐射出的能量。她与丈夫相敬如宾，对他和孩子们的生活起居照顾得无微不至；她待人和善，脸上总是挂着温和的微笑，在诸多教授夫人们中间颇有人缘；她烧得一手好菜，使得邓以蛰常常不无得意地在家招待朋友，这地道的徽菜每次都让吃多

邓稼先的父母邓以蛰和王淑蠲合影
（1959 年摄）

了金岳霖家西餐和湘菜的朋友们眼前一亮，赞不绝口。

　　在邓稼先眼中，母亲几乎具有中国传统女性的一切美德，而令他印象最为深刻的就是母亲持家的勤俭。自 1923 年父亲留学归国后，就陆续受聘于清华大学、北京大学、厦门大学等知名学府担任教职，其间还出任了北京大学哲学系主任，薪水可谓稳定而优厚。这些收入除去全家人的生活开销，甚至有余钱供父亲购买他酷爱的文玩字画。尽管如此，母亲却始终让全家保持着朴素的生活状态，从不骄奢。在生活上，除了会采买一些特殊的补品、药材，给当时身患肺病的父亲一些额外的照顾，孩子们的伙食都极为普通的。早点没有牛奶，也没有鸡蛋。邓稼先每天早起上学，通常是到街边买点枣糕锅饼之类便宜的小吃点心，边走边吃，权当早饭。他不知道自己是不是因此喜欢上了这样自由自在、充满了烟火气的食物和吃法，以至若干年后，当他身患绝症回家养病的间隙，还不忘央求夫人许

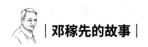

鹿希陪着去逛地坛庙会。他似乎忘记了自己虚弱的身体，忘记了年龄，充满好奇地走着看着，把春卷、艾窝窝等心仪的吃食统统都品尝了一遍。此时，他仿佛穿越了时空，又回到了童年清晨上学的街道上。母亲持家的节俭深深影响着孩子们。贴近贫苦市民的日常生活，使邓稼先姐弟四人从小就不曾因自己出自书香门第而生出高人一等的优越感，完全能和邻居们的孩子打成一片、玩在一处。只要跨出大院的门，谁也看不出他们身上和其他孩子有什么不同——说着一口标准的京话，在空地上疯跑、抖空竹、放风筝，趴在泥地上弹玻璃球，总是弄得一身泥土，到天黑了还舍不得回家。

邓稼先最感谢的就是母亲给了自己无忧无虑的童年。她好像从没有要对孩子严加管束的念头和做法，更没有因为孩子们的顽皮而压抑了他们快乐的天性。虽然小稼先每次玩得忘乎所以、狼狈不堪地回到家，总是惹得母亲一顿教训，但在邓稼先看来，这些时常萦绕在耳边的唠叨、训斥只是一个母亲表达关爱的特有方式而已，因为母亲从没有对自己提出任何禁止和干涉。当他脏得像小泥猴回到家，母亲总是一脸愠色，然后把他拉到水盆边，一边用小毛刷轻轻为他刷洗嵌在指甲和手掌里的泥垢，一边嘴上故意狠狠地教训："你这一双小黑爪，就该用菜刀把它剁掉才好！"邓稼先吐吐舌头，只乖乖埋下头去听着，丝毫不想辩解，因为他完全能听出母亲言语间满含的心疼。小时候的他便心知肚明，母亲只是口头上的严厉，因为无数次的事实证明，即使是自己顽皮闯了祸，母亲依然只是一顿训斥，从来也舍不得打他。少年不识愁滋味，只要睡上一觉，前一晚的训斥就早已被甩到了九霄云外。有一年冬天，他跑到北海结了冰的湖面上玩耍，竟不小心掉进了冰水里，好在被及时救了上来。尽管母亲又气又急，却依然只是一顿教训。可他知道，母亲吓得不轻，事后还特意跑去庙里虔诚地烧香磕头，感谢菩萨保佑，让儿子捡回了一条性命。

从小到大，邓稼先都称呼母亲"姆妈"，即使在成年后，每次见到母亲，还要跑上前去亲热地拥抱和亲吻她。对他来说，母亲的怀抱总是那样温暖。在他的童年记忆中有着这样一个清晰的场景：每次自己贪吃，肚子胀得很不舒服，母亲就会把儿子搂在怀里，替他轻轻地揉一揉。一边揉，嘴里还一边念着："肚儿摸摸，百病消霍。叫孩少吃，儿吃多着。"这是一首老家安庆的童谣，虽然只是没有曲调的道白，但母亲用醇厚的乡音柔声念着，便成了最动听的旋律。无论是 20 岁还是 40 岁，邓稼先只要见到母亲，似乎就立刻自动切换到童年模式，拉着母亲的胳膊，依偎在她身旁，大口大口地吃着她做的饭菜，回应着她关切的眼神。可以说，邓稼先一生钟爱家人，且格外敬爱自己的母亲，几天不见就格外想念，只要身在北京，稍有空闲，就要跑去陪母亲坐上一会儿。从外地回京，从不休息，第一件事就是直奔母亲那里。他总是脚步匆匆赶过去，但每次只要一望见父母家那熟悉的中式房子，不知为什么，那似箭的归心好像一下子就安顿下来了。他会不由自主地放慢脚步。夏天，房前的小荷塘飘散出悠然的荷香；冬天，荷塘里结出厚厚的冰层，又被皑皑白雪覆盖住，洁白无痕。邓稼先总喜欢另辟蹊径，一步一个脚印地踏上冰雪，细细聆听雪花和冰面受到挤压发出的咯吱咯吱的悦耳声音。这一切，就是自己的童年，无忧无虑，无拘无束，与最纯美的大自然亲密接触，还有，母亲总在那里，等着自己。

北方干燥寒冷的气候让母亲患上了支气管炎并伴有严重的哮喘。每次痼疾发作，为了打消炎针，就得频繁进出医院，颇为劳累。于是，邓稼先

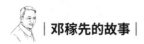

就向从事医务工作的妻子学习肌肉注射，反复练习，直至熟练。之后，他和妻子轮流赶到城外北京大学宿舍父母的住处，给母亲注射青霉素。母亲常有胃痛，邓稼先又学会了皮下注射阿托品。

邓稼先与父母

由于特殊的工作性质，邓稼先后来常年离京，再也无法常伴母亲左右。他只能用拼命地工作，冲淡对父母亲人的思念。就在第一颗原子弹爆炸成功不久，所有科研人员投入紧张的试验数据判读的时候，党委书记刁筠寿把邓稼先拉到一边，一只手扶住他的肩头，轻声地说："快回去看看吧，你母亲病危！"说着，递给他一张回京的机票。邓稼先不禁感到有些恍惚，近来试验成功强烈的兴奋和此时母亲病危的噩耗交织在一起，令他的大脑一片混乱。不知道有多么强大的心脏才能承受得住如此强烈的刺激和冲击。他强迫自己稳住心神，三步并作两步登上早已候在门口的吉普车。现在的他恨不能一下子飞回到母亲的身边去。可是，长途漫漫。由两个司机轮流驾驶的吉普车在广阔无垠又颠簸不平的戈壁滩上昼夜不停地飞驰，终于把邓稼先送到了乌鲁木齐机场。飞机上，邓稼先心潮翻涌，脑海里一幕幕掠过的，都是和母亲共同生活的点点滴滴。想到儿时的顽皮闯祸，现在的行踪不定，自己这一辈子都让自己的"姆妈"操碎了心。母亲头上的每一根华发，额角的每一条皱纹，身体上的每一处病痛，都和自己有着密切的关系。如今，母亲即将走到生命的尽头，无论如何也要再给自己亲爱的儿子一个机会，能最后拉住她的手，最后亲吻一次她的脸颊。念及此，邓稼先禁不住热泪盈满了眼眶。空乘人员询问他要喝点什么饮料，他只失神地应着："啊，啊！"终于，飞机平稳地着陆在北京西郊的军用机场。自他离开罗布泊算起，时间已是第二天下午。这一次，他竟然不再有信心，母亲是否还在等着他。等在机场的妻子把他直接带到了医院。病床上的母亲消瘦不堪，脸色苍白。只有床边吊瓶中的药水不紧不慢地滴落，还能显示母亲生命犹存。邓稼先忍不住跪在床前，握起母亲瘦骨嶙峋的手抚摸着，又凑到母亲面前，轻声呼唤："姆妈，我回来了，稼儿在这儿！"母亲显然听到了儿子熟悉的声音。她微微睁开了眼睛，嘴巴蠕动着，似乎要说什么，但已经完全发不出声音。邓稼先只隐隐地感觉到母亲瘦削的手竭尽全力地握了自己一下。这是母亲唯一能传达讯息的方式，稼先却完全能悟得出、读得懂："我的稼儿，能看到你，真的太好了！我们实在太久没见了。姆妈不怪你。你的工作太累太辛苦了，姆妈心疼啊！"邓稼先心里充满了万分的愧疚。母亲年老以后就备受哮喘的折磨。而在她年老体衰、最需要儿子照顾的时候，他却常年奋战在西北的戈壁。最终，母亲因哮喘肺炎发展到肺不张，即使手术也未能令其情况好转，直至病入膏肓。她一直弥留不去，为的一定就是要见亲爱的儿子最后一面。邓稼先看见母亲床

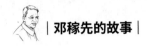

头放着一份红色的号外，他知道，此时自己能给母亲的，别无其他，唯有这份中国人的骄傲！

　　病房里围满了亲属，四周却寂静无声。母亲终于安详地、永远地睡着了。邓稼先陷入了此生最大最难以抑制的悲恸之中。他知道，从此，自己失去了最最亲爱的姆妈。

4
纯真童年

1925 年初，刚刚八个月大、尚在襁褓之中的邓稼先就随父母离开了怀宁老家的铁砚山房，来到了北平。古老的北平城，承载了他童年所有的纯真。

在清华、北大任教的父亲先是将全家安置在北长安街中山南公园附近的一处宅院，后又搬进了丰盛胡同北沟沿甲 12 号一座大门朝西的四合院里。这处宅院略显破旧，立柱上的朱漆已经干裂剥落，屋顶上瓦缝间生出许多杂草来。但对于小稼先而言，这些都无关紧要，因为他眼中的乐园是屋前屋后宽敞的大院子。前院种着一棵古老的龙爪槐。岁月在它粗壮的树干上雕刻出嶙峋的筋骨，巨大的树冠洒下一片浓荫，为这个四合院营造出安静而闲逸的氛围。与前院的龙爪槐遥遥相对的，是后院生长的一株丁香。虽不及龙爪槐那样高大遒劲，却是另一种热烈的美。每逢夏季，便满树满枝地盛开出淡紫色的丁香花来，香气宜人。这院中的一树一花与父亲的"松风水月"以及一家人的生活格调相偕成趣。邓稼先从小便深深沉醉其中，以至几十年后的他仍喜欢信步走到颐和园后山，在那条长满丁香花的小径上走一走，闻一闻沁人心脾的花香。也许只要闭上眼睛，那花香就能将他带回到童年那无忧无虑的岁月中去……

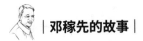

邓稼先的父母亲对孩子们的教育可谓宽严相济。

在学习上，父亲的要求十分严格。从5岁上小学后，小稼先就按照父亲的要求，一边完成学校的课业，一边利用课余时间"吃加餐"，而且是"套餐"——入私塾，跟着先生学习《左传》《论语》，背诵《诗经》《尔雅》，还常被父亲叫到书房，亲自检查；读名著，古今中外名人名家的文学著作，多有涉猎；学英文，留美的父亲亲自执教启蒙，指点正确的学习方法……

5岁时初入小学的邓稼先

在生活中，父母却又分外开明。姐妹兄弟，无论男女长幼，一律平等，从未被娇生惯养、过分呵护。对就读学校的选择，并不苛求名校名师，而是本着就近的原则，因为距离远了，母亲对他们放心不下。学习之余，孩子们有着足够的空间和自由尽情玩耍。在如此的教养风格下，这个书香人家里走出的几个孩子，不是娇弱无力的温室花朵，而是自然朴实、性格各异的个体。邓稼先得益于此。他的童年，没有来自家庭过多的规矩管束和观念教化，而是在大自然

童年时代邓稼先姐弟的合影
（左起大姐邓仲先、三姐邓茂先、
弟弟邓槜先、邓稼先）

中、在小伙伴们中间、在所有美好的事物里，陶冶性情，为自己的人生播下了珍贵而纯真的种子。

小稼先很喜欢跑出大院，和邻居家的孩子们打成一片、玩在一处。什么捉蟋蟀、放风筝、抖空竹、玩弹球、打秋千，凡是孩子们常玩的，都乐此不疲，而且玩得得心应手、技高一筹。要是实在是玩腻了，就琢磨着创造新花样，挑战高难度。不满足于空竹抖得呼呼生风、嗡嗡作响，他便试着将抖绳百缠千绕地玩出许多花式，甚至用茶壶茶碗盖子等奇形怪状的东西代替空竹。每次他只要认真观察、细细研究一番，再稍加尝试，这些东西到了他的手上，就会像长在抖绳上一样。如此杂技一样的表演，常常看得朋友们目瞪口呆。

平时读书读累了，他便就地取材，轻轻一跃，双手攀住门框，下垂的身体靠着双腿蹬踹和腹肌发力，来回摆动，由慢到快，直至形成一种怡然自得的节奏。小稼先总是很享受这特有的打秋千方式带来的乐趣。

他还十分喜欢弹玻璃球，并总能凭着快速精准的角度计算和恰到好处的指法力道为自己赢回很多战利品，也常因此和朋友们酣战得忘了时间——等天完全黑下来，大人们出来寻了，才恋恋不舍地各自回家。玻璃球是他的心爱之物。闲下来，他会反复盘弄自己的这些宝贝——把每个球都擦得干净透亮，对着光仔细观赏小球中斑斓的色彩。他并不贪多，在攒齐了所有单色球之后，若有机会得到一两个嵌着五颜六色图案的彩色玻璃球，便视若珍宝，爱不释手。

小稼先偶尔能跟着大人去戏园子听戏，尤其爱看杨小楼的《水帘洞》。舞台上美猴王的一招一式，都令他着迷。五六岁的孩子本就免票入场，没有座位。锣鼓一响，他便完全不能老老实实依偎在大人的怀里，做个规矩

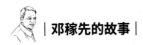

孩子，而是被吸引着不知不觉地凑到了台前，双手托着下巴看得入了神。猴王一串跟头赢得台下一片喝彩，小稼先也情不自禁地扬起胳膊鼓起掌来。谁知道，这激动地一挥，竟把前排桌上的茶壶碰到地上，一声脆响，摔得粉碎。回家虽免不了母亲一顿教训，他却完全没有放在心上，还一心回味着台上那些精彩的场面。

似乎从幼年时代开始，邓稼先就具有一种特殊的能力，善于发现生活中美好的事物，并被它们深深地打动，无论是此时小小的玻璃球、院子里的丁香花，抑或是日后戈壁中的马兰草。这种能力使他无论处于什么样恶劣的环境中，都能感悟到美的事物带来的生机与希望，激发出不竭的生命动力。

对于成长中的孩子而言，玩是一件极为重要的事情。玩的方法、玩的水平，都足以看出一个人早期的心智与才能。小稼先爱玩，也会玩。也有人说，童年时的玩耍是人生的彩排。纵观邓稼先的一生，应该说，这句话在他身上得到了很好的印证。他在研究工作、待人接物、生活态度中表现出的品质，在童年时代就已经初见端倪。了解他的人总会说，他就是这样一个人；他始终是这样一个人。也许身为教育家的邓以蛰对此了然于胸，所以，他从不干涉孩子们在亲近自然和交往朋友的过程中享受快乐。而母亲也只有在小稼先玩得又脏又累地回到家里时，才一边帮他清洗，一边骂上他几句。

虽然常被母亲训斥，但在聪明的小稼先心里，对于父母的管教与疼爱，对于凡事可不可为的尺度，都清晰得如明镜一般。所以，在别人眼中，小稼先简直就是个矛盾的存在——十分顽皮却又颇守规矩，频频闯祸因而难免受罚。

一次，天已经完全黑下来，本该早早放学的小稼先却迟迟没有到家。母亲不免担心起来，连忙打发大姐邓仲先去学校找。小稼先就读的武定侯小学离家并不远。等大姐找到学校，学生们早已放学，四处静悄悄的，唯独老师办公室还亮着灯。循着灯光望去，大姐远远看见走廊里小稼先一个人孤零零面对着砖墙老老实实地站着。看见大姐走过来，小稼先连忙不好意思地低下了头。看见弟弟安全，大姐一颗悬着的心算是放下了。她故意板下脸来，问："这又是犯了什么错，被老师罚了？"小稼先双手揉着衣角，嘴里嘀咕着老实交代："我和同学一起玩球，不小心把教室的玻璃打碎了。老师让我罚站，说赔了钱才能回家。""可你就在这儿站着不回家，哪来钱赔玻璃呢？""可是，可是，老师是这么说的……"大姐差点儿笑出声来，抚着小稼先的头说："我的傻弟弟。"说完，大姐轻轻敲响老师办公室的门，道了歉又付了玻璃的钱，这才领着小稼先回家去。

有一年冬天，小稼先和孩子们去北海的冰面上玩耍。为了挡住行人从冰面上穿行，北海桥下特意凿出了一条宽沟。对于是否有本事有胆量跨过横沟，男孩子们少不了相互激将着挑战一番："谁敢跳过去？谁敢？"但是，沟实在是太宽了，孩子们大多只是在口头上逞逞强，没有人敢实际动作。说时迟，那时快。突然间，一个身影从人堆里冲了出来，向着横沟一跃而起。可是小小的身躯没能越过沟去，而是"扑通"一声，落进了寒意彻骨的冰水中。孩子们立刻慌了，一边大声呼救，一边四处寻找树枝。暮色中，等落水的孩子被捞上来，大家才发现，原来竟是那个"老实胆小"的邓稼先。孩子们心底里惊讶极了，忍不住佩服起眼前这个浑身哆嗦、狼狈不堪的小伙伴来。素来腼腆的小稼先，性格中还隐藏着勇敢大胆、敢于冒险的一面。

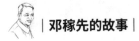

虽然聪明又顽皮，但小稼先从不把自己的才智用在偷奸耍滑上。他诚恳待人，诚实做事，孩子们自然都十分喜欢与他一块儿学习和玩耍。这种信任为他的一生赢得了无数朋友。当然，他这样的老实，在有些同学眼里简直就是憨傻，也惹来了很多嘲笑。可他心地纯良，认为这些同学没有恶意，对此总是憨憨地一笑了之，从不往心里去。

从幼年读书的时候开始，邓稼先给人留下的印象便是一种"傻乎乎的诚恳"，细细体会，是一种善良坚定的执着、一种大智若愚的真诚。这种诚恳和执着，被邓稼先带到了大洋彼岸的普渡，带到了中科院的研究室，又带到了茫茫的戈壁；也正是凭着这份诚恳与执着，邓稼先创造了科学上的、事业中的、人心间的一个又一个奇迹。

第二章

发愤求学

1

少年志学

1935 年，11 岁的邓稼先考入了志成中学，一年后又转入崇德中学。步入少年的邓稼先随之开始了人生发愤求学的历程。

一个人最初的学习动力可能来自聪颖不凡的天赋、自尊要强的个性、渴求知识的欲望，抑或是人际环境的助力。这些要素凝聚在邓稼先身上，似乎产生出一种更为强大的合力。

崇德中学是一所教会学校，尤其注重英文教学。邓稼先有了小时候父亲帮助打下的扎实基础，学习起来自然是不太费力，成绩很快百尺竿头，更进一步。

初中时代的邓稼先

在理科方面的兴趣激发和长足进步，得益于两个人。一位是父亲特意为他请来补习数学的师大附中李老师，另一位则是他的邻居兼学长杨振宁。在他们的帮助下，邓稼先对数学的兴趣一度发展到痴迷的地步。每天晚上他都孜孜不倦地趴在桌上埋头苦学，演算大量的习题，直至露重更深，母亲再三催促，他还迟迟不肯罢手。到第二天一早，桌上地上满是他的战果——无数写得密密麻麻的草稿纸。母亲总是一边心疼地叹着气、嘀咕着，一边细心地替他一张一张捡起来，整理好，码齐了放在桌角。

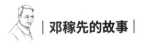
邓稼先依然保持着爱读书的好习惯。进入中学以后，他开始读鲁迅，读更多外国作家的作品。这些著作为他打开了新的更加宽广的世界，也引导着他思考社会与人生。他时常和弟弟槜先聊起书中读到的格言警句："屠格涅夫的《罗亭》有一句话，'不要做言语的巨人，行动的矮子'，说得真好！"年幼而又懵懂的弟弟虽然还不太明白这句话的意思，但哥哥说话时那幸福而又满含钦佩的神情给他留下了深刻的印象，直到花甲之年，仍然历历在目，难以忘怀。此时的邓稼先还是一个初谙世事的少年，却对做人的道理有了自己的见解与思考。通过读书，他的眼界逐渐开阔，思维日渐深刻，思想慢慢成熟。

就在邓稼先的人生观形成之始，中国社会的巨变裹挟着无数人，改变了他们的人生轨迹。1937 年，震惊中外的"七七事变"爆发了。7 月 7日夜，驻扎在北平西南卢沟桥的日本驻军在未通知中国地方当局的情况下，擅自在中国驻军阵地附近进行所谓的军事演习，并趁机诡称一名日军士兵"失踪"，要求进入北平西南的宛平县城搜查。在遭到中国驻军严词拒绝后，日军竟悍然向宛平城和卢沟桥发动了进攻。中国驻军奋起还击，二十九军顽强抵抗。7 月 29 日，北平沦陷。邓稼先的学习生活被日寇的铁蹄、无情的战火击得粉碎。

1937 年 7 月日军占领北平

没有了抵抗，沦陷的北平城显示出一种异样的平静。1938年春节，北平街头依然摊贩如云，游人如织，各种庆祝活动照常进行。但在这表面的繁华之下，人们的内心倍感沉重，无数中国人被愤怒和屈辱压抑得几乎喘不过气来。

日本兵把持了北平城的一切事务。按照日本军部的规定，但凡经过日军岗哨，中国老百姓必须向哨兵鞠躬行礼。邓稼先幼小而稚嫩的心灵第一次被如此深深地刺痛着。在他心中，向侵略者低下的头、弯下的腰，就形同将中国人的民族尊严踩在了脚下。他强忍着满腔的怒火，宁肯绕远路上学回家，也决不愿做那些卑躬屈膝、有辱国格人格之事。

爱读的书被伪政权禁卖，他就时常光顾街边不起眼的小书摊，久而久之，便和摊主谙熟起来。见他每次总是漫不经心地拿起书，随意翻了翻就放了下来，机灵的摊主很快明白了这位少年的"口味"，试探着小声问："小兄弟，你是不是想要看点那种书啊？"望着邓稼先眼中闪烁着的光芒，不等他开口，便接着说："明白了，小兄弟，下次，下次来一定有！"从此，只要一看见这位瘦高的长衫少年远远走过来，摊主就连忙准备好自己努力淘换来的"藏货"。为了掩人耳目，邓稼先总是让自己看上去漫不经心。他装模作样地随手拿起一本书翻看。摊主一边递上书，一边笑着轻声说："小兄弟，这是上次你要的书。"邓稼先左右看看，见无人注意，连忙接过书来，揣进怀里，脸上抑制不住地露出满意的微笑，还不忘调皮地向摊主挤挤眼睛。付了书钱，他转身就跑。他要赶紧找个安全的地方，静静地享受这道美味的精神大餐。在那样一种思想禁锢得令人窒息的环境中，这些书为邓稼先打开了一扇又一扇的窗。通过它们，他能看到希望的光，吸到新鲜的氧，汲取到无穷的力量。到14岁升入高中以后，中文书不够

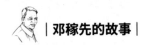

读，他就如饥似渴地找来英文原版书。尽管看起来有些吃力，但他仍乐此不疲。读的书越多，他的思想就越活跃开阔，对人生和社会问题的思考也就越发深入。

邓稼先的身边活跃着一群思想进步的同学。同样生活在沦陷后北平这令人窒息的环境中，大家的内心都激荡着无比的悲愤和汹涌的爱国热情。课余时间，同学们常常聚在一起，或谈论天下大事和国家命运，或传阅手上的进步书籍，交流读后感想。他们相互激励，相互影响，思想在碰撞和共鸣中越发成熟起来。

慢慢地，邓稼先的脑海中时常朦朦胧胧地闪现出一个又一个念头，泱泱中国之所以饱受外侮，堂堂中华之所以丧失尊严，自然应当归罪于侵略者的肆虐，但归根结底，还是因为我们的国家太过落后，落后才会挨打！中国人必须发愤图强，用实实在在的知识和本领，让国家强大起来。于是，邓稼先的学习有了一个新的更为强大的动力源——为拯救自己的国家和民族而努力学习！

邓稼先的学习由自发逐步转入自觉，他更加地刻苦用功，成绩始终名列前茅。更重要的是，他已经悄然由一个无忧无虑的顽童成长为一个心怀抱负的青年。

2

被迫离京

对于邓稼先的迅速成长成熟，父亲邓以蛰看在眼中，心里甚感欣慰。但是，眼下的时局紧张纷乱，他又禁不住为血气方刚的儿子生出隐隐的担忧。母亲虽没有什么特别大的学问，心思却是颇为细腻敏感的。见邓稼先频繁地与同学们聚在一起，言谈举止间又时常透露出对日寇和汉奸的出离愤怒，她的内心一直充斥着某种不安的情绪，总是担心自己的稼儿会出什么事。平日里，她的心中总是犯嘀咕，因为直觉告诉她，会有不好的事情发生。她不能阻止儿子出门，能做的除了反复叮咛他万事小心，剩下的就只能是烧香拜佛，祈祷家人的平安。

但是，父母担忧的事情还是发生了。

日寇统治下的北平城，虽不见硝烟战火，却到处弥漫着令人窒息的空气。侵略者总是盲目而违心地相信，武力可以征服一切。当他们看见百姓们低头缩颈、小心翼翼，汉奸们点头哈腰、满脸谄媚，便更加得意忘形，嚣张跋扈。为了向所有人宣示和证明自己所谓的"共荣亲善"，他们总是千方百计地想要营造出一派繁荣太平的景象，哪怕明知是虚假的表演。每每征服一个城市，庆祝仪式不可或缺。荷枪实弹的日本兵逼迫和驱逐市民和学生，手举刺眼的膏药旗，成群结队地走上街道，高呼口号，"欢庆胜利"。对中国人而言，这是何等的耻辱！

压抑的愤怒终于爆发了！邓稼先的忍耐终于到达了极限。集会结束，

人群散去，他却还定定地站在原处。内心翻滚的思绪、出离的愤怒令他满脸涨红。紧接着，他做出了令人吃惊的举动——三下两下把自己手中的小旗撕得粉碎，愤然扔在地上，再踏上一只脚，用力地碾踏着，似乎是将许久以来积压的耻辱连同无耻的侵略者一起踩在脚下！这样的举动无疑是十分危险的！要知道，如此规模的公开集会，人群中到处布满了日军的眼线狗腿子。他们不停地四下张望，寻找"危险分子"，好向日本人邀功请赏。好在正值散会，人群熙攘，学生们更是一哄而散，无法看得真切。不能确定具体是谁，却锁定了是志成中学的学生。因为崇德中学停办，此时的邓稼先已经转回原先的志成中学念高三。

很快，问责的压力丢给了志成中学的校长。校长明白，汉奸之所以没有当场抓人，一定是暂时还没有真凭实据。于是，他壮起胆子，语气坚定地否认说："你们一定是搞错了，我们学校的学生绝不会干这样的事！"也许是被校长的气势所震慑，事情竟然被暂时搪塞了过去。但是，校长心中十分清楚，集会上人多眼杂，一旦有人向日本人告发，后果将会是十分严重的。他连忙私下找来学生问询，很快知道了事件的当事人是邓稼先。作为邓以蛰教授的老朋友，他心急如焚，立刻前往北沟沿邓宅，晓以利害："邓先生，邓稼先的事早晚会被人密报，这样坐以待毙怕是太危险了，赶紧想个办法，让稼先离开北平吧！"听罢校长的话，邓老先生虽看上去面如平湖，内心却早已失去了平静。他拉住校长的手，连声致谢。这也许是个能救命的消息！

送走了校长，邓老先生一个人待在书房，久久地沉默着，心中无比焦灼。如此时局，家国难以维系。自1937年末开始，清华大学、北京大学、南开大学已经陆续迁往长沙，又转至大后方的昆明，只求在战火中为学生们安放下一张安静的书桌。而自己因为身体原因，不能随学校南下，全家也都跟着滞留在日寇统治下的北平，过着亡国奴的生活。稼儿有如此举动，虽危险万分，但再能理解不过。此时，唯有将他转移到大后方去，方能相对安全。好在女儿仲先已经大学毕业，为人沉稳干练，让她带着稼儿一同离开，加上其他教授的家属同行，应是较为稳妥的办法。可是，此去路途如此遥远曲折，且须绕道异国他乡，一路上会吃多少辛苦，又会不会出什么意外呢？就这样，邓老先生内心纠结着、犹豫着，转眼已至夜幕降临。吃罢晚饭，他叫来了邓稼先。

"稼儿，我听说，你在集会上扯碎了日本旗？"邓老先生端坐在书房老式的木椅上，沉声问。

"父亲，他们实在是欺人太甚了！"邓稼先愣了片刻后大声说道，声音中仍充满了抑制不住的愤慨。但他心里十分清楚，在这样的特殊时期、特殊境遇下，如此行为恐怕有些意气用事，可能会给自己、学校和家人带来无穷无尽的麻烦。他低下头，等待着父亲的责备。

接下来的沉默中，邓稼先感受到父亲投来的目光，这目光中五味杂陈，欲说还休。邓稼先缓缓抬起头来。他不忍望向体弱多病的父亲，便将视线移向墙上挂着的《完白山人放鹤图》。

"稼儿，跟着大姐离开北平，去昆明吧！"思忖许久，父亲终于开口，语调却出乎意料的平和。可这一句让邓稼先的泪水一下子盈满了眼眶。

又是片刻的沉默。深思熟虑后的邓老先生平静而又坚决地向儿子交代了自己的安排和想法："稼儿，到了大后方，珍惜难得的安宁，好好学习。去了要上九中，老四管得严。"邓稼先的四叔邓季宣曾留学法国，归国后在四川江津国立第九中学任校长。父亲思虑周全，也心疼儿子，战乱之中，他只放心将儿子交到自己的弟弟手上。

之后，他又语气沉重地缓声说道："至于以后，稼儿，你一定要学科学，不要像我这样，不要学文。学科学对国家有用！"在邓稼先听来，这绝不是一条简单的人生建议，而是父亲发自肺腑又痛彻心扉的沉痛呼号。一个像父亲这样的学问大家，国难面前，不惜否定了自己的一生所学，这其中饱含的是一个面对日寇铁蹄、山河破碎的文人多么强烈的无力感。身为教育家的邓以蛰，这番话的出发点自然不是一般意义上的个体发展，而是他以亲身经历深切地感悟到的一个残酷现实，那就是中国人没有强大的工业，没有先进的武器，没有足够的实力抵御外侮，因此，科学强国才是改变中国命运的当务之急。父亲的想法与邓稼先不谋而合，父亲的这句话，令邓稼先铭记一生。

儿子的即将离开对于母亲而言，只有痛苦的心碎和无尽的担忧。身在乱世，自己长久以来的隐忧终究应验。如今儿子深陷险境，形势所迫，不得不离家颠沛辗转到千里之外。而稼儿只有 16 岁。16 年来，他从未离开过自己身边，连上学的学校都就近选择。这次远行虽有长女相伴照顾，但之后毕竟要只身面对许多事情。吃饭、睡觉、生活起居，这所有的一切让自己如何能放心得下？万般的不忍和忧虑只能化作涟涟泪水。行期将至，母亲总是拉住大姐的手，千叮咛万嘱咐，三姐陪在一边，常常是说着说着，三个人就禁不住泣不成声地哭作一团。

邓稼先从小善良，又重情重义。此时的他根本不敢进门去面对母亲的脸。他和小弟默默地站在院子里，良久不说话，努力抑制住眼中的泪水。之后，他慢慢抬起手，扶住小弟的肩头，深沉而坚定地说了句："毛弟，现在我的心里只有仇恨，没有眼泪！"16 岁的邓稼先已经在乱世中逐渐成熟起来。冷静的洞察思考和炽热的爱国情怀，使他能够对眼前的一切做出正确的归因。他心中反抗民族压迫的决心掷地有声。

相比起逃脱牢笼、远离危险的兴奋，邓稼先的心中更多的是深深的眷恋与不舍——对家人、故友和古老的北平城。临行的前两天晚上，他拉起小弟槜先的手，亲切地说："毛弟，过两天哥就要走了，以后不能再陪你玩儿了。今晚，哥骑车带你出去逛逛，好不好？"10 岁的小弟少不知愁，爬上自行车的前梁，在哥哥双臂的环绕中，开心地哼起歌来。手里的风车在初夏的晚风中欢快地旋转着。车轮转过东四牌楼，驶过景山脚下、故宫门前、北海湖畔……沿途的风景是那样熟悉，却又忽然变得有些陌生。月光下的煤山影影绰绰，看不真切；故宫大门紧闭，却显示出未曾有过的雄伟气势；北海水波荡漾，清风送爽。时间久了，小弟困得伏在车把上打起盹儿来。邓稼先踩着自行车，丝毫不觉疲惫。他平静的外表下是翻滚的心潮，令他难以自持。这一去便是踏上征途，自己的明天要担负起什么？是父亲的嘱托，是母亲的叮咛，是国家和民族的匹夫责任。

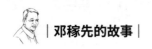

3
南下之路

1940 年春末夏初，邓稼先拜别了父母家人，和大姐一起乘船南下。随行的还有两位教授的夫人和孩子。战火频仍，他们无法经陆路直达目的地，只有乘船经上海，往香港，借道越南，再转回中国境内，最后到达昆明。如此曲折漫长的旅途，从初夏走到盛夏，耗时几十天之久。这对于第一次出远门的邓稼先来说，自然充满着新鲜感，但也正是这一路上的所见所闻，深深震撼了他的心，给了他一次深刻的现实教育。

第一站是上海。邓家姐弟暂时住进了父亲的老友胡适先生的家中。虽然胡先生并不在家中，但因胡夫人同为安徽老乡的缘故，姐弟俩受到了格外热情的款待和周到的照顾。日寇占领下的上海与北平一样，维持着表面上的平静。可就在这片中国的土地上，租界遍布，穿着体面的洋人随处可见。老百姓们辛苦地讨生活，街头上到处是不大的孩子，他们不是背着书包的学童，而是在四处卖报、乞讨、兜售着香烟洋火……

第二站香港更是早在近百年前就沦为英国的殖民地。对邓稼先来说，这里是充满新奇的世界，道路两侧高楼商铺林立，双层公车如行走的小楼，大街上人群熙攘。每当有洋轮鸣着汽笛，驶入港口，靠上码头，便会有两幅图景形成鲜明的对比：一边是富人们悠游自在地上岸用餐购物，挥金如土；另一边则是衣衫褴褛的码头工人，扛着巨大沉重的麻包，踩着颤颤巍巍的踏板，步履艰难地来往于岸船之间。他们劳碌一整天，也只能挣到少得可怜的工钱，常常要靠捡些碎米烂菜糊口度日。邓稼先姐弟乘坐的船为了装卸货物，在码头停靠了四天。这四天，大姐若发现弟弟不见了，就会去甲板寻找。她知道弟弟一定又是趴在船舷的栏杆上，凝神地望着那些辛苦劳作的码头工人，出神地陷入沉思……

再次起程，船便驶离了国境，开往第三站——越南的港口城市海防。炎热多雨的气候营造出完全不同的异国风情。斗笠木拖是这里老百姓素日里最平常的装束。街道两旁的商铺多为东南亚地区流行的"骑楼"设计，底层店铺的门面统一向内缩回一个宽敞的空间，形成了沿街的公共走廊，为行人们遮蔽常年的淫雨骄阳。细心的邓稼先注意到，这里商店虽多，但橱窗里和货架上的商品总是数量稀少、品种单一。边境检查站口站着的，都是耀武扬威的法国警察。他们口气强硬地命令通关者打开行李物品检查，见到中意值钱的财物，经常二话不说，予以没收扣留。敢怒不敢言的越南百姓只能无奈离开。走在邓稼先前面的是一个身穿破旧香云纱上衣的越南老妇人。她左手拎着行李，右手牵着一个小女孩，战战兢兢地向前挪动着步子。因检查中被扣下了仅有的一个暖水壶，她竟壮起胆子向警察求告。语言不通，她就边说边比画。邓稼先虽听不懂她在说什么，但从她满脸焦灼恐惧的神情中，足可以看出这件东西对她是多么重要。在这个物质匮乏的战乱年代，对于一个穷困的百姓而言，每一件生活必需品都来之不易，可又常轻易地被剥夺。值勤的警察冷着脸，丝毫不为所动，大声呵斥着，用力将老妇人扒拉到一边，继续自己的检查。见老妇人坚持着不肯罢休，他便横眉立目地一把将其推倒在地，用枪指着她的身体，吓得身边的小女孩哇哇地大哭起来。

从北平至上海，再到香港、海防，眼前的一幕一幕时常在邓稼先脑海中闪现，他感到一种说不出的憋闷。正是由于落后和贫困，一个国家才会轻易遭受列强的欺负。而生活在一个沦陷之地、一个殖民之地的老百姓，哪有什么尊严可言！

最后的行程转为陆路，由海防前往河内，经过老街省，回到中国境内，终于抵达目的地昆明。按照父亲的嘱托，不久后，大姐就将邓稼先送往位于四川江津的国立第九中学，插班进入了高中三年级。1941年的中国，抗日战争的烽火燃遍全国。战火中的国立江津九中除了校本部，不得不设置了初、高中共六个分校。说是学校，其实就是利用散落在乡间各地的祠堂充当校舍，因陋就简开展教学。邓稼先所在的高中一分校就是一个泥墙、草顶、木门、木窗的老旧祠堂，除了能勉强遮风挡雨，宽敞就是相较之下唯一的优点，再摆上些高矮不等的旧桌椅，便算作一个分校。就是在这样艰苦的环境中，邓稼先成为九中的第五届毕业生。

中学毕业后，准备参加大学入学考试的邓稼先没有想到，自己竟如此近距离地与死神打了个照面。考试地点设在重庆。这座作为国民政府战时陪都的城市，自1938年开始就屡遭日军敌机的战略轰炸，仅1940年5月12日到5月30日，就有13次之多。在这七八天，日军出动飞机608架次，投下炸弹419吨。在如此丧心病狂的轰炸之下，陪都重庆满目疮痍。一天，邓稼先正走在临江的山路上，忽然间凄厉刺耳的防空警报划破阴霾的天空。不一会儿，日军轰炸的飞机成群结队地在头顶上呼啸而来，犹如一群发了疯的野兽。眼见着一连串的炸弹雨点般地落下，飞向对岸密集

高三毕业时的邓稼先
（1941年摄于四川江津）

的屋群中。顷刻间，震耳欲聋的爆炸声四起。江对岸目之所及，瞬间成为一片火海，漆黑的浓烟迷离了视线，空气中弥漫起呛人的硝烟夹杂着焦糊的味道。邓稼先和所有的路人一样，本能地将身体贴住路旁的山石，紧张得几乎屏住了呼吸，额头上渗出涔涔的冷汗，恐惧而又无助地等待着眼前的这场灾祸结束。时间变得如此漫长，似乎过了很久，接二连三的爆炸声才慢慢停歇下来。邓稼先长长地呼出一口气来。可就在此时，一长声尖锐的呼啸由远至近，一颗炸弹就落入离他不远的江中！江水在巨大的冲击波下腾起高耸的水柱，爆炸声几乎震破耳膜。邓稼先顿时明白，就在刚刚，死神与他擦肩而过——炸弹的落点只要稍有偏斜，他和周围的许多人定然已成炮灰。

抗日战争期间日军轰炸重庆

面对死亡的心灵震撼是难以言说的，脆弱的灵魂甚至会从此深陷阴影，难以自拔。可对于生性善良的邓稼先而言，南下后的所见所闻、所历所悟却给了他一次特殊的精神洗礼。现实似乎残酷地为他植入了一种一生不变的信念，这种信念使他从跨入大学、确定专业、选择未来开始，义无反顾地踏上了爱国图强的人生之路……

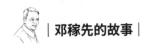

4

学在联大

1941 年的秋天，邓稼先顺利考入西南联大物理系，学号 A4795。

从 1935 年开始，战乱之下的京津高校就陆续撤往大后方。1937 年 11 月 1 日，由国立北京大学、国立清华大学、私立南开大学在长沙组建成立的国立长沙临时大学开学。由于长沙连遭日机轰炸，1938 年 2 月中旬，经中华民国教育部批准，长沙临时大学再次分三路西迁昆明，并于 1938 年 4 月正式改称国立西南联合大学。

1938–1945 年的西南联大校门（摄于云南昆明）

整个西南联大分散在昆明市的好几个地方，校舍简陋，条件艰苦。经费有限，除图书馆和两座食堂因面积较大，仍保留了砖木结构的瓦房外，教室只能用铁皮做屋顶，而学生宿舍、各类办公室就只能是茅草屋。铁皮导热快，幸好昆明的气候四季如春，学生们尚不用忍受冬寒暑热的煎熬，但是逢到雨天，麻烦就来了。云南干湿季分明，每年 5 月左右进入雨季，直至 10 月左右才渐渐结束。整个雨季的降水量惊人。连日的阴雨不停歇地敲打着屋顶的铁板，随着雨势的大小变换着节奏和音量。若碰上疾风骤雨，声音就像重锤打铁，完全湮没了课堂上老师讲课的声音。乐观的师生们总是笑着说："好吧，老天爷又下了停课令，大家自习吧！"屋外的风声、屋顶的雨声肆虐，课堂则被衬托得更加安静。学生们有的专心致志地看书、演算，有的则饶有兴致地欣赏着窗外的雨景。

更可怕的是，大后方并不安全，虽未被日军占领，但敌机的战略轰炸却十分频繁。"跑警报"成了师生们的日常。时间久了，大家也变得淡定了不少。一旦有空袭警报响起，所有人就迅速奔出教室，躲进附近的防空洞或跳下田埂边的深沟；警报解除了，同学们又马上回到教室继续上课。

学校的各项预算一减再减，教授们的日子十分清贫，学生们过得更是穷困不堪，尤其是在吃住问题上。

开始的时候，伙食还可以正常供应。后来，战争导致严重的通货膨胀，与战前相比，物价涨了300倍，纸币几乎成了废纸，手里没有真金白银的老百姓过得更是苦不堪言。联大食堂尚有米饭供应，但买来的平价米中被掺了很多沙子。对于正当年的青年大学生，一碗饭根本吃不饱，而等你吃完一整碗再想盛第二碗时，饭盆早就见了底。时间一长，这些聪明的学生们很快就总结出经验——第一碗千万不可贪多，只能盛一半，这样才能迅速吃完，有机会盛上第二大碗，勉强填饱肚子。做饭吃饭都谈不上什

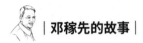

么卫生条件，做饭的地方是一排平房，吃饭只能在图书馆旁边的两个棚子里。干燥无雨的季节里，刮起风来，沙尘满天飞。本来米饭里就有许多沙子，学生们常挑出其中大个儿的，互相打闹着玩。若再加上扬尘，就在沙子饭上又撒了一层"胡椒面"，同学们戏称之"八宝饭"。当然，大家最盼望的就是每月两次的"打牙祭"。饭菜里仅有的那点油水荤腥，几乎成了学生们提前几天就躁动于心的提神剂。

学生们住的宿舍都是泥地、土墙、茅草顶的大通间，四面透风漏雨，和临时工棚没有什么本质区别。房间虽大，但一个屋子摆放了足足20张双层木板床，两床之间再放一张长条桌，桌子下面搁一块木板，供大家放置东西。40个人生活在同一个屋檐下，可谓"人气旺盛"。特别是夏天雨季的时候，屋里潮湿又闷热。大家穿着背心短裤，汗流浃背，却照样专心地做功课。冬天偶尔也会下雪。一年四季只有一条单裤的穷困学生，不得不用被子裹住双腿，坐在床上看书。只有教室和图书馆里才安装电灯。宿舍里只有油灯，一根燃烧的灯草发出微弱而恍惚不定的光。就在这样的微光下，学子们依然常常学到深夜。

西南联大40人同住的学生宿舍

在艰苦的环境中，联大的莘莘学子虽然过着"读书之外无生活"的日子，但也因此磨炼了意志。战乱之中，大家深深懂得自己为什么而学习，也十分珍惜这来之不易的学习机会。

西南联大没有课桌的简陋教室

联大学子昂扬的精神状态直接得益于这里云集的一批大师。20世纪30年代初清华大学校长梅贻琦先生曾经说过："所谓大学者，非有大楼之谓也，有大师之谓也。"西南联大的教师群体可谓人才济济，大师者众，就师资力量而言，当之无愧是当时中国的最高学府。联大校歌名为《满江红》。歌中唱道"绝徼（jiǎo）移栽桢（zhēn）干质""千秋耻，终当雪；中兴业，须人杰"，就是联大师生"甘居边塞，培育栋梁"的真实写照。大师之所以成为大师，究其根本，不仅仅是因为他们有着深厚的学问造诣，更因为他们善于教会自己的学生如何做人做学问。联大在教学中一丝不苟的严格态度是十分出名的，教授们严格细致的程度甚至到了对书写阿拉伯数字的倾斜程度都有明确要求的地步。也正是得益于名师严教，西南联大才得以人才辈出，杨振宁、李政道、朱光亚、邓稼先……短暂的校史上留下了一个又一个闪光而又响亮的名字！

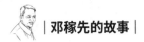

邓稼先所在的物理系也有着超强的师资配备——叶企孙、吴有训、赵忠尧、饶毓泰、周培源、吴大猷、王竹溪、张文裕，还有与他们的鼎鼎大名联系在一起的普朗克常数、康普顿效应、正电子证实……对于邓稼先而言，另有一个得天独厚的优势，就是他的大姐夫——知名教授郑华炽也在物理系执教，并于1944年初接任了物理系主任。郑华炽教授曾与吴大猷合作，参加了拉曼效应的测试，他们在工作中做出的成绩受到哥本哈根学派创始人、丹麦著名物理学家玻尔的肯定与赞赏。

生活上有大姐的照顾，学业上有姐夫的指导，邓稼先的确算得上非常幸运了。他甚至有条件在空闲的时候看看电影，满足一下自己爱玩的天性。不过，进入联大的头几年，邓稼先不想搞特殊，还是住进了简陋的学生宿舍。他和小时候一样，很享受和同学们待在一起的时光。

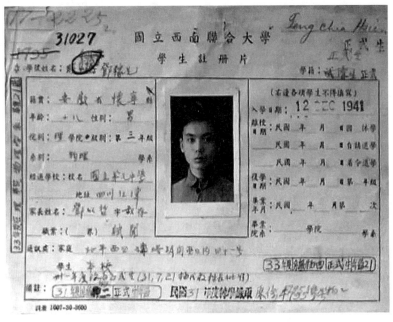

邓稼先在西南联大时期的学籍卡

邓稼先比高中时期更加发愤读书。在学习上，他从不要小聪明，搞投机取巧的一套，他坚信知识要学得扎实，就必须老老实实下足功夫，哪怕是笨功夫。得到一本借之不易的好书，他总是如饥似渴地秉烛夜读。在那个艰苦的年代，资源匮乏，更没有条件复印拍照，为了不耽误别人阅读，也为了留下书中的精彩内容细细研究，他索性把全书所有重要之处，工工整整、一字不漏地誊抄下来。为了牢固掌握尽可能多的英文单词，他就和同学一起比赛背牛津英文词典。俗话说，万丈高楼平地起。不难发现，越是大学问家，越是有着扎实的知识功底。而这个功底大多是他们年轻之时凭借着"铁杵成针"的耐心、毅力和功夫一点点练就的。

探讨起学习问题，邓稼先总是大胆又认真的。数学课上，赵淞副教授鼓励同学们提问。别看这帮姑娘小伙儿平日里伶牙俐齿的，可要在课堂上当着众人的面挑战老师，一个个却心里发怵地低下了头。让大家没想到的是，站起来"解救众生"的竟然是一向腼腆的邓稼先。他毫无顾忌地提出了心中的疑问，却被赵教授反问："那你说说，什么叫微积分呢？""微积分就是曲线下的面积。"邓稼先不假思索地答道。赵教授想了想，又问："那么，3个苹果加5个苹果等于多少？"大家被这个突如其来的幼儿园级别的问题弄得有点发懵，面面相觑起来。不明就里的邓稼先只好硬着头皮答道："8个苹果。"赵教授笑着娓娓道来："大家看，如果问一个小孩3加5等于几，他可能回答不上来，但要问3个苹果加5个苹果等于几个苹果，他就知道答案了。"见大家凝神思考，赵教授停顿了片刻才接着说："说'积分是曲线下面积'也是同样的道理。积分是什么呢？积分一般来说就是一些数之和。"通过如此巧妙的类比，赵教授不仅寥寥数语讲清了积分的定义，还让学生们体会了概念表述中形象思维语言的生动和抽象思维语言的准确。邓稼先和同学们茅塞顿开。学习探讨中，邓稼先从不怕露怯，这是他对待学问的真心。

本真是邓稼先自幼的心性，对人对事都是如此。学习再紧张，也丝毫不会妨碍他对同学的热情帮助。接待新生时，他遇到一个叫吴鸣锵的同学。小吴一口纯正的北平话，立刻勾起了他无限的乡愁，更激起了他对父母家人无尽的思念。他忍不住拉着小吴不停地问长问短，打听北平的近况，得到的每一句回答都令他思绪翻涌起伏，或担忧，或安慰。一番谈话无形间拉近了二人的心理距离。从此，作为学长的邓稼先成了小吴的贴心朋友和学习指导。他们常常沿着联大门前的林荫道散步，一边走一边交谈。邓稼先反复叮咛小吴要多看数学参考书，给他讲碰撞、虹吸的物理原理。二人沉醉其中，一走就是一两个小时，常常很晚了才回宿舍。至真的友谊发乎至纯的感情。"纯洁"是邓稼先最看重的品性，也是他一生都崇尚和追求的道德境界。他最常用"pure"（纯洁）这个词来表达对他人的欣赏和夸赞。日子长了，吴鸣锵口中的"pure"就成了邓稼先的代称。

西南联大的学习生活尽管清苦，却给邓稼先以及所有联大学子留下了终生享用不尽的知识和精神财富。

5
思想飞跃

"救国的关键到底在哪里？"这是进入大学后的邓稼先和很多同学一直认真思考又热衷讨论的问题。为此，邓稼先无法像有的同学那样，只求偏安一隅，"一心只读圣贤书，两耳不闻窗外事"。除了更加刻苦努力地读书，他还时刻关注着时局的变化。

最快获得时事消息的途径就是阅读《新华日报》。好在西南联大的校园里，只要不是国民政府强行扣发，报纸照例每天都能张贴出来。读报成了邓稼先每日的必做功课。每当报栏前被大家挤得水泄不通，师生们议论纷纷，他就知道一定是有大事发生，便连忙去找物理系虞福春老师要来当日的报纸仔细阅读，却常常读着读着便义愤填膺地拍案而起。遭受日寇侵略的中国，国民政府统治下的人民，实在有太多时候太多地方，令人义愤难平了。

国难当头，日寇横行，政府高官贪污腐败、发国难财的消息却屡见报端。当局对强敌节节退让，对国人却跋扈嚣张。不讲什么民主法制，没有什么辩护审判，对人可以说抓就抓、说杀就杀。打压老百姓的爱国热情，竟连《黄河大合唱》这样的抗日歌曲都禁止传唱。1941年初爆发了震惊中外的"皖南事变"，国民党当权者的反共面目在全国人民面前暴露无遗。1944年，美军进入昆明城驻扎，国民政府从西南联大等高校征调了不少学生做翻译。可不久后大家发现，曾在美军军营里见过的美国罐头等军

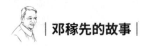

用物资，竟然在街头小贩的手中向市民兜售。西南联大学生自治会的宣言中曾经这样描述："民主在昂扬，历史在前进，祖国在危难中，同胞在水火里！"这正是当时中国大后方社会状况的真实写照。

政府的种种丑行，社会的纷繁乱象，令包括邓稼先在内的联大学生们群情激愤。他们常在晚饭后，三五成群地聚集在一起，抨击弊政，谈论时局，也在思索交流着作为爱国青年的未来道路。一些消息灵通的同学，不仅时常能爆出更多的贪官黑幕，也能悄悄地带来共产党陕甘宁边区的消息。陕北，成了一个令人向往的地方，那里的百姓过着民主、平等的生活。虽然条件艰苦，但人人参加劳动，自力更生，经济建设热火朝天。邓稼先和进步同学、地下党员越来越多地接触往来，与志同道合的同学展开热烈的讨论。20岁的他，已能深刻地认识到：救国的道路，"看来关键是政治"。邓稼先的思想悄然发生着变化。

时局的发展证实了他的想法。

1945年8月，日本政府正式宣告投降，历时14年的抗战终于取得了最后的胜利。此时的邓稼先已顺利从西南联大物理系毕业。抗战的胜利本使他激动万分，因为他和所有迁居大后方的人们一样，深深思念着远方的家人，迫切地盼望着早日回归故乡，与亲人团聚。可是，大批人员返乡是一个浩大的工程。他不得不一边在昆明培文中学执教数学，一边耐心等待返回北平的机会。直到1946年夏天，他才回到了阔别六年的北平，受聘于北京大学，出任物理系助教。

战乱结束，在漫长的14年中付出巨大牺牲、饱受战争煎熬的人们正热切地期盼着建立一个统一独立、民主自由的新中国，在和平安定的环境中休养生息。可愿望很快就被无情地打破了。经过43天的艰苦谈判，国共双方终于在 1945 年 10 月 10 日签订了《政府与中共代表会谈纪要》。而就在这份《双十协定》正式公布的第三天，蒋介石就迫不及待地发布了剿共密令，告诫部队：对共产党"若不速与剿除，不仅八年抗战前功尽弃，且必贻害无穷，使中华民族永无复兴之望"。反动政府的倒行逆施彻底激怒了中国人民。昆明高校的师生组织了大规模的反内战运动。12 月 1 日，反动政府派出大批军警、特务，分别围攻西南联大、云南大学等驻昆明高校，毒打学生和教师，甚至向师生们投掷手榴弹，造成 4 名师生遇难，重伤 29 人，轻伤 30 余人，制造了骇人听闻的"一二·一昆明惨案"。暴行令人发指，反动政府的枪口竟然对准了善良的百姓和无辜的师生！ 1946 年 2 月 10 日，重庆各界万余群众在校场口举行庆祝政治协商会议成功大会，国民党特务当场打伤郭沫若、李公仆、章乃器等 60 余人。5 月，手持先进美式装备的国民党军攻占了四平、长春、吉林……6 月 23 日，南京下关车站，马叙伦等向国民政府请愿的民主人士惨遭特务暴打。6 月 26 日，蒋介石终于撕毁了停战协议，向各个解放区发起进攻。内战全面爆发了！

邓稼先满腔愤怒，但行事却变得更加踏实沉稳。他已不再是中学时代那个血气方刚的少年。在昆明时，他经好友杨德新同学的介绍，加入了"民主青年同盟"。回到北京，他又积极加入全国"反饥饿、反内战"的学生运动中，在北京大学讲助会里勤恳工作。他们的工作卓有成效，募集到大量的钱款、物资，资助了许多贫困的学生。他开始阅读毛泽东的著作《矛盾论》《实践论》《论联合政府》《新民主主义论》……邓稼先从中受到了深刻的教育和启发，世界观、人生观也随之发生了变化。他更加坚信中国共产党领导的人民事业必定取得成功，一个崭新的中国必将诞生。邓稼先常常暗自思忖：我能为新中国做些什么？

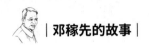

1939 年 1 月，纳粹德国入侵波兰，第二次世界大战爆发。1945 年，美国在日本广岛、长崎扔下两颗原子弹。那腾空而起的蘑菇云、威力无比的冲击波，毁灭了两座城，也震撼了全世界。紧接着，这个掌握了核武器的军事大国又积极支持蒋介石政府发动内战。战乱之中，残酷的现实刺痛着邓稼先的每一根神经。他知道，作为一个学科学的人，自己要做的，唯有尽己所能为未来新中国的建立、巩固和发展贡献出全部的聪明才智。既然有了扎实的物理学功底，就要充分地利用它。而在当下，要掌握更为尖端的物理学知识，只能"师夷长技"。思想日趋成熟的邓稼先作做出了慎重的决定：去美国留学，学习核物理！ 1947 年，邓稼先顺利通过了赴美研究生考试。

赴美之前，邓稼先曾与好友袁永厚有过一番令人难忘的交谈。袁永厚是中共地下党员，在思想上曾经给予邓稼先很多帮助和极大影响。此时，他俩再次促膝长谈。袁永厚满怀信心地说："稼先，你相信吗，新中国的诞生不会是很遥远的事情了，天快亮了！"邓稼先同样语气坚定地说："我相信！"袁永厚拉住邓稼先的手，紧握着："全国的解放不仅需要前方战士们的浴血奋战，也需要像你我这样的同志在后方努力工作，好好发挥骨干作用。我们一起留在北平，迎接解放吧！"邓稼先眼中闪烁着光芒："是啊，那会是一个多么令人激动的时刻啊！"转而，他收回望向窗外的目光，郑重地说："老袁，我之所以选择留学，是因为我相信，将来祖国建设需要人才。你放心，我学成一定回来！"邓稼先的这番话给袁永厚留下了极为深刻的印象，在时隔 40 年后的 1988 年，袁永厚作为中国派驻香港人员接待来访的邓稼先夫人许鹿希时，还能清晰地回忆起来。在袁永厚看来，赴美留学是邓稼先在关键时刻深思熟虑后做出的人生选择。可以说，这个选择既富有远见，又实事求是——邓稼先要走适合自己的道路来为祖国和人民服务。

从谨遵父命，"要学科学，对国家有用"，到深入思考救国之路，认清"看来关键是政治"，再到尚未解放就预见到"祖国建设需要人才"，并立誓"学成一定回来"。邓稼先思想发展变化轨迹上三次重大的跃迁足以证明：他已从一个朴实单纯的热血少年成长为一个具有革命民主主义思想和高度社会责任感的有志青年；他越来越能够具体而实际地将自己的未来和祖国的命运紧密地联系在一起。邓稼先的人生之路，越发目标清晰、道路明确。

6
留学普渡

1948 年夏天，启程赴美的日子到了。受父亲邓以蛰的好友杨武之教授所托，此次远行，邓稼先将与杨振平结伴。杨振平是杨振宁的小弟。此前，已经身在美国留学的杨振宁为他申请到了美国布朗大学的半额助学金。

8 月，邓稼先和杨振平一起登上了"哥顿将军号"客货轮。随着低沉悠长的汽笛声在耳边萦绕回荡，轮船缓缓驶出了上海港，开始了漫长的旅程。战乱未止的祖国在身后渐行渐远，站在甲板上的邓稼先心怀万分不舍。他扶住船舷，望向来路，万千思绪涌上心头。亲爱的祖国，亦如一艘巨轮，虽然还在历经惊涛骇浪、暴风骤雨，但她却是在向着光明乘风破浪，奋勇前进着。等着我吧，学成一定回来！

1949 年邓稼先在美国
（杨振宁摄于芝加哥大学）

旅途漫漫，经过近一个月的海上颠簸，邓稼先一行终于到达了陌生的美洲大陆。1948 年 10 月，他正式进入美国印第安纳州普渡大学（Purdue University）研究生院物理系，开始了自己的留学生活。

选择学校的时候，邓稼先就听说过国内高校里的一个流行说法，就是"清华认麻省，交大认普渡"。普渡大学创建于 1869 年。邓稼先入校之时，该校已有 79 年的历史。在美国，普渡是远近闻名的理工科老牌名校，尤其是它的工程学院，位居世界顶尖行列，与麻省理工学院、斯坦福大学等名校常年包揽美国工科十强榜。美国二十世纪最伟大的工程胡佛水坝以及金门大桥均出自普渡师生之手。在理科方面，普渡先后造就过 13 位诺贝尔奖得主。除了邓稼先，我国第一代火箭专家梁思礼，热能工程奠基人陈学俊、王补宣，抗日名将孙立人等均毕业于此。雄厚的理工科积淀使得普渡成为极少数在未开设医学院和法学院的情况下仍位列综合实力世界前 100 的大学。

与显赫的名声和过硬的实力相比，普渡的校园显得朴实无华。它位于芝加哥东南大约 171 千米的西拉法叶城（West Lafayette）。1948 年深秋，这座小城给邓稼先的第一印象是单调，甚至可以说荒凉。据说，这里曾是冰河流经的地方，如今只留下了一条名叫沃巴什的小河。历史上连年泛滥的洪水使它成为一片不毛之地，历经多年，却只贴着地面长出了成片的草皮，树木少得可怜。转入冬季，目之所及，只有房顶和地面上铺天盖地的皑皑白雪。对于天性活泼、热爱生活的邓稼先而言，这里的风光不免令他大失所望。浓浓的思乡之情油然而生，他想念北京的香山、北海，也怀念昆明的滇池、西山……不过，乐观的他很快就领悟出眼下这荒漠般环境的巨大好处——几乎无处分心，唯有专心读书！对于准备刻苦攻坚的学子而言，此处绝对算得上是读书圣地了。

最初的留学生活是拮据的。刚开始，邓稼先还是一个自费生，衣食住行必须保持必要的节俭。

吃饭，邓稼先得按钱不按量。暂且不说身在异国，难以吃上可口的饭

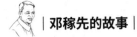

菜，更难的是，饭需要"计划"着吃。24岁的他正当身强力壮的年纪，却不能像在家的时候一样，每餐都保证有饭有菜地吃个饱。要知道，在北平上初中时，他可是一个一顿能吃80个饺子的"大肚汉"。而如今，他必须将每月每周的饭食量入为出地做好安排——有时可以吃上一顿饱饭，有时只用几片面包、一点香肠对付一下，而有的时候则需要饿上一顿。乐观的天性无处不在，邓稼先把这"饥一顿、饱一顿"的吃饭节奏想象成一首抑扬顿挫的乐曲，至于"饿一顿"，就权当乐曲中的休止符吧，尽管这种情况并不浪漫，甚至十分煎熬。好在一个学期之后，情况就有了改善。因每门功课的考试成绩都达到了85分以上，邓稼先获得了学校的奖学金，再加上学长杨振宁的不定期资助，吃饭的问题终于得到了解决。

住宿，邓稼先不得不蜗居在与人合租的狭窄阁楼间里。他的室友就是日后中国著名低温物理学家洪朝生，此时的他正在普渡从事研究工作。这两位经济拮据的中国学生合租了一栋普通美式小楼的阁楼。楼房是尖顶的，阁楼低矮狭小，还用隔断分成两半，二人分住一边，出入同一扇门。好在房东是一位善良和蔼的美国老太太，有着美国人传统的直爽性格，和两个年轻人也相处得十分愉快。同在一个屋檐下的邓稼先和洪朝生相差4岁。洪朝生始终像兄长一样对邓稼先照顾有加。一次，二人决定去打一次牙祭，吃一顿牛排。牛排端上桌后，顽皮的

1950年邓稼先与洪朝生在美国普渡

邓稼先看了看，故作委屈地说："我这块小，你那块大。"洪朝生二话不说，把自己面前的牛排换给了邓稼先。身在异国他乡的学子相互照顾，相互疼惜，结下的是无比深厚的兄弟般的情谊。

生活上可以将就，而对于学习，邓稼先从来未敢放松。到了美国，他才真真切切地感受到这个科技强国和战乱中国民党统治下的中国之间存在着难以想象的水平差距。这个事实再一次狠狠刺伤了他的民族自尊心。邓稼先的脾性似乎发生了一些变化，他收起了过去在西南联大上学时的潇洒气派，开始玩命地勤奋学习。他心中有明确的学习目标和规划——既然有机会来到普渡这所名校学习位居国际发展前沿的核物理专业，自己就要在有限的时间内学到尽可能多的知识，争取早日回归，报效祖国！为此，邓稼先根据实际，对自己的精力、时间进行了科学的分配。有了在西南联大打下的扎实基础，他决定在有些学科上"坐吃老本"，通过自学来节省下更多的上课时间用来攻克专业难关。比如，他果断"放弃"了德文课。在联大时，德文是他学得相当好的第二外语，水平应该足以应付考试。果不其然，逃了整整一学期德文课的邓稼先居然通过了考试，顺利拿到了学分。赢得了更多的时间，邓稼先完全不敢有丝毫懈怠，全部用以钻研物理学发展前沿的新成果。

邓稼先虽然只有西南联大的学士学位，但这次是直接攻读核物理博士。他选择的核物理专业起始于 1930 年左右，到 1949 年已有近 20 年的历史。尤其是"二战"爆发后，战争需求和军事运用使之更加炙手可热。邓稼先的导师是荷兰人核物理专业教授特尔哈尔（Ter Harr）。他为邓稼先选定的博士学位论文题目为《氘核的光致蜕变》（*The photo-disintegration of*

the deuteron），并请贝林凡特（Belinfante）教授做具体指导。

氘，常温下，是一种无色无味、无毒无害的可燃性气体，又称重氢，元素符号为 D 或 2H。1931 年，美国人尤里（H.C.Urey）在液氢中发现了氘，并因此获得了 1934 年诺贝尔化学奖。氘是氢的一种稳定形态的同位素，其原子核由一个质子和一个中子组成，比氢多了一个中子。要将氘的原子核打开，分成一个中子和一个质子，需要由外部给予巨大的能量。邓稼先的研究就是要利用加速器放出的伽马射线——即电磁波或光波——来轰击氘核，使之顺利分裂为一个质子和一个中子，为研究质子和中子之间的相互作用和关系提供便利。地球上的 100 余种原子的原子核基本成分相同，都是质子和中子，因数量多少而种类性质有异。元素就是对相同数量质子数的一类原子的统称。也就是说，同一种元素原子核中的质子数相同，中子数不同就形成了同位素。比如，氘、氚都是氢的同位素，二者的原子核内都只有一个质子，而分别有一个和两个中子。氘核之所以是一个十分难得的标准研究对象，就是因为它单纯地只有一个质子和一个中子，避免了其他复杂因素的干扰。邓稼先进行这项光致蜕变研究时，距离氘的发现只有短短 17 年，自然算得上一项热门难点课题。

中华人民共和国成立的消息极大地鼓舞和激励着邓稼先，他夜以继日地刻苦学习、埋头研究。在导师的指导和帮助下，他一口气修满课程学分，完成博士学位论文，通过论文答辩，获得博士学位。这一天是 1950年 8 月 20 日，距离邓稼先踏入普渡校门，仅有短短的一年零十一个月。时年只有 26 岁的邓稼先成了名副其实的"娃娃博士"。

身着博士服的邓稼先（1950 年 8 月 20 日摄于美国普渡大学）

应该说，对于一个在世界尖端的核物理专业道路上崭露头角的年轻学者而言，此时正是在学术研究上再接再厉、高歌猛进的好时候。欧美国家经济发达，人才济济，有着优越的科研条件。而且这些条件恰恰是一穷二白的新中国还不能

THE TRUSTEES OF

PURDUE UNIVERSITY

UPON THE NOMINATION OF THE FACULTY
HAVE CONFERRED THE DEGREE OF

DOCTOR OF PHILOSOPHY

UPON

CHIA HSIEN TENG

IN RECOGNITION OF THE FULFILLMENT OF THE REQUIREMENTS
OF THAT DEGREE

GIVEN AT PURDUE UNIVERSITY, LAFAYETTE, INDIANA, THIS
TWENTIETH DAY OF AUGUST IN THE YEAR OF OUR LORD
NINETEEN HUNDRED AND FIFTY.

IN WITNESS WHEREOF THE SEAL OF THE UNIVERSITY AND THE
SIGNATURES OF THE PRESIDENT OF THE UNIVERSITY
AND OF THE SECRETARY OF THE BOARD OF
TRUSTEES ARE HEREUNTO AFFIXED.

SECRETARY OF THE BOARD OF TRUSTEES　　PRESIDENT OF THE UNIVERSITY

美国普渡大学为邓稼先颁发的博士学位证书

给予的。机会如期送到了邓稼先的面前，导师特尔哈尔教授向他发出诚挚的邀请，表示愿意带他前往英国开展深入研究。能成为一个冲锋于物理学科发展前沿的战士，并有机会摘取科学桂冠，是多少留学生梦寐以求的。导师的诚意邀请和热情鼓励当然会对邓稼先产生极大的吸引力，要说丝毫不为之所动，显然是不可能的。但是，邓稼先几乎没有丝毫的动摇和犹豫，立刻婉言谢绝了教授的好意。在邓稼先留美的最后日程表上，既没有呼朋唤友、把酒庆祝，也没有挤出时间游山玩水，他要做的唯一一件事就是收拾行囊，尽快回国！

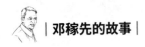

　　不得不说，这个判断是准确且敏锐的。时刻关注国际国内政治发展动态，已是邓稼先上联大以来养成的习惯。中华人民共和国成立了，劳动人民从此当家做了主人。虽然没能亲历那个举国欢腾、激奋人心的时刻，但远在大洋彼岸的他依然能够清晰感觉到祖国母亲怦然有力的心跳和宽广温暖的怀抱。而就在不久前的 6 月，美帝国主义打着联合国的旗号，悍然对朝鲜半岛发动侵略战争。邓稼先判断，当下局势紧张多变，为免夜长梦多，必须立刻启程回国！

　　1950 年 8 月 29 日，就在拿到博士学位的第九天，邓稼先便义无反顾地踏上了归途……

第三章

兑现诺言

1
充满波折的归途

1950 年 8 月 29 日，归心似箭的邓稼先在洛杉矶登上"威尔逊总统号"邮轮，准备踏上归途。此前，邮轮是从美国旧金山出发，并要在洛杉矶港口停留一夜。邓稼先安顿好行李物品，长长地舒了一口气，此时的他似乎终于可以放下心来稍稍放松一下。他天性爱玩，便和同学陶愉生相约"到 Holly Wood（好莱坞）开了一次窍"，并趁着夜色登上了格里菲斯公园（Griffith Park）的山顶。清凉的晚风拂面，邓稼先举目远眺，此时的洛杉矶城万家灯火，"方圆临近一百平方哩（英里）的区域内全是灯火辉煌"，心中不禁感叹"真是奇为壮观"。伫立良久，邓稼先的眼前似乎浮现出十年前，自己骑着自行车，载着小弟槜先，在漆黑的北京城里穿行的情景。大洋彼岸的祖国，百废待兴的新中国，现在会是什么样子呢？

第二天，"威尔逊总统号"缓缓驶离洛杉矶港，再次起航。这将是它的第十七次航行，在美国境内还要经停夏威夷，之后便横跨太平洋，至日本横滨、菲律宾马尼拉，最后到达目的地中国香港。邓稼先站上甲板，四顾茫茫。海面看似平静，实则暗流涌动，即便是这艘排水量两万吨的巨轮，也被摆布得剧烈地颠簸起伏。他不禁感到眩晕恶心，吃了晕船药，才得以缓解。旅途漫漫，不免是一场煎熬。年轻的他可能还未能料到，此去将充满险恶与波折。但是，"威尔逊总统号"也因为这一趟同船回国的"海归"人数最多、国际影响最大的航行，成为大大改变中国科技发展进程的"希望之舟"。这艘船为新中国带来包括邓稼先在内的 12 位未来的科学院院士！

"威尔逊总统号"邮轮（S.S.PRESIDENT WILSON）

　　起航不久，邓稼先便感觉到船上湿热的空气中似乎弥漫着一种异样的氛围。首先，他惊喜地发现，同船的旅美学者和留美学生竟然有百余名之众，其中不乏早已活跃于美国的留学生组织北美基督教中国学生会（CSCA）和留美中国学生科学协会（简称"留美科协"）的骨干成员涂光炽、朱光亚等。他们已经迅速行动起来，组织成立了"威尔逊总统号回国中国留学生联谊会"，由涂光炽任主席。而联谊会最重要的任务是把大家组织起来，应对不测。

邓稼先（后排右二）与同期归国的中国留学生合影
（1950 年 9 月摄于"威尔逊总统号"客轮甲板上）

1949 年中华人民共和国成立后，祖国向海外留学生发出了殷切的召唤。"留美科协"的成立就是旨在为促进中国留学生返回祖国服务。他们与 51 名留美同学联名发出了《致全美中国留学生的一封公开信》，信中写道："同学们，是我们回国参加祖国建设工作的时候了！祖国的建设急迫地需要我们！"而与此同时，1950 年 6 月朝鲜战争爆发后，中美两国的敌对气氛愈加浓厚。美国当局越来越担心大批中国留学生归国会帮助共产党领导下的新中国加快工业发展，进而影响战争进程。于是，对中国留学生的归国动向日益倾向于采取阻挠的态度和行动，并进一步明确，只能允许一些从事人文或艺术学科的留学生逐步回到中国，而对理工学科，特别是涉及核工业或高端化学、生物医学领域的留学生则应严格限制离开美国。直至 1951 年 10 月 9 日，美国司法部移民归化局正式发布法令，明令禁止学习理、工、医、农的中国留学生离境，对留学生归国开始了全面阻挠和严格禁止，致使大批中国留学生陷入"有家不能回"的痛苦境地。

1950 年 8 月底，美国当局对中国留学生"禁止离境"法令尚未正式发出。但是，在威尔逊总统号离开洛杉矶之前，还是先后发生了钱学森先生行李遭查扣和赵忠尧教授被查事件。这令所有留学生哗然。

原来，早在 1950 年上半年，美国当局就开始怀疑钱学森参加了美国共产党。6 月，钱学森被剥夺了从事保密研究工作的资格，并受到特工的密切监控。钱学森原本也准备乘坐"威尔逊总统号"，但是船票早已预订一空，机票也是一票难求。无可奈何，急于离开美国的钱学森，预订了加拿大太平洋航空公司 8 月 28 日从加拿大首都渥太华飞往香港的机票，并于 8 月 20 日在洛杉矶海关办理了月底"威尔逊总统号"的行李托运。令钱学森没有料到的是，美方早已布下"天罗地网"，极力阻挠他回国。8 月 23 日，钱学森被官方告知不能离境，25 日又被告知其 8 箱行李已被"依法

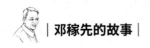

查扣"。其后，经过了 5 年的漫长抗争，钱学森才得以顺利回到祖国。

赵忠尧教授因其学识、专业、所在学校及其与钱学森先生的密切关系，首当其冲地成为美国当局密切关注的对象。对于赵教授，邓稼先再熟悉不过了，他曾是自己在西南联大读书时的老师。大名鼎鼎的钱三强、杨振宁、李政道、朱光亚等科学家都曾师从于他。他早在 1930 年就获得了加州理工学院的博士学位。毕业期间，他发现的"硬 γ 射线的反常吸收"现象成为日后其同事安德逊发现正电子轨径，并获得诺贝尔奖的重要基础。不夸张地说，他是一个与诺贝尔奖擦肩而过的人。1946 年，赵忠尧再次赴美。这次他作为国民政府的代表，受蒋介石的指派，前往太平洋比基尼岛观摩美国原子弹试爆实验。作为第一个见识了蘑菇云的中国科学家，他内心沉重：中国什么时候才能拥有自己的原子弹？观摩完毕，就在其他国家代表纷纷游山玩水的时候，他却神秘地"失踪"了。他先后赴麻省理工学院、加州理工学院进行核物理方面的研究，而其真正重要的目的却是设法买到核研究的器材。得知中华人民共和国成立的消息，赵忠尧立即着手准备回国，但直到 1950 年 8 月底才得以成行。邮轮在洛杉矶启锚前，美国联邦调查局（FBI）还是找上门来。官员们毫不客气地把他的行李翻了个底朝天，经过找来的专家确认，并没有什么与原子弹研究相关的物品。其实，这些都在赵忠尧的意料之中。早在一个月前，他已将重要资料和器材托人秘密带回了祖国，而这一次，他聪明地将剩余的重要零部件拆散了给他人分放。FBI 官员最终一无所获，但为了给自己找台阶下，还是扣留了一批电子器件和公开出版的物理书籍和期刊。

查抄风波过后，"威尔逊总统号"终于驶离了洛杉矶。9 月 6 日，邮轮停靠在夏威夷檀香山。一切似乎归于平静，大家还一同上岸游览了群岛美丽的热带风光。所有人都长长地舒了口气。因为夏威夷是美国境内的最后一站了，只要离开这里，理论上就可以彻底脱离美国的监视控制了。可是，大家都想错了。

随着美国本土"钱学森案"的不断发酵，美国特工已将触角伸向了与钱学森相关的人员。9月12日清晨，正当邮轮缓缓靠上日本横滨港码头时，邓稼先猛然间被船上的广播吵醒了："由于有乘客在横滨下船，我们需要重新调整房间。现要求以下4名旅客带好随身行李，搬到指定的房间……"

"不好！不好！"联谊会主席涂光炽连声叫道。因为他太清楚了，广播中提到的4名旅客，都与钱学森先生及其工作的加州理工学院存在着紧密的联系。除了赵忠尧教授，另外三位分别是沈善炯、罗时钧和鲍文奎。

沈善炯，后来成为中国的微生物生化学家、遗传学家，当年6月刚刚获得加州理工学院的博士学位，并经导师介绍转去威斯康星大学生化系任博士后研究员。得知朝鲜战争爆发，立即辞去威斯康星大学的聘约，离美回国。

罗时钧，后来成为中国的空气动力学家、力学教育家，当时在加州理工学院师承钱学森先生攻读航空数学哲学博士学位。

鲍文奎，后来成为中国的作物遗传育种学家，当年也刚刚于加州理工学院博士毕业。鲍文奎平时就有晚睡晚起的习惯，此时，他正在自己的房间里酣睡不醒，根本没有听到广播，也因此侥幸逃过了一劫。

赵忠尧教授和罗时钧、沈善炯等三人被迫"换了房间"——被美国特工截捕了！

三个人被赶进厕所间，脱光了衣服接受搜查。美国人直截了当地对他们说："这船上有100多名中国人，我们为什么偏偏找加州理工学院的？因为你们与钱学森有染！"接下来的审讯更是赤裸裸的威胁："摆在你们面前

的，有三种选择：要么随我们回美国，要么去台湾，至于这第三条路，就是在日本坐牢！"台湾驻日代表、台湾大学校长傅斯年也进行了紧急斡旋。但是，三位铁骨铮铮的中国学者异口同声地回答："我们既不返美，也不去台，我们只想回到自己的祖国！""回大陆之意已决！"很快，他们被押解着带下了船，撒上消毒粉，关进了东京下野曾经关押日本战犯的巢鸭监狱。

在日本横滨港"威尔逊总统号"邮轮上被拘捕的三位学者以及关押他们的东京巢鸭监狱（从左至右沈善炯、罗时钧、赵忠尧）

　　侥幸逃脱的鲍文奎为防不测，迅速将赵忠尧藏在自己箱子中的东西，分散转移到其他不易引起注意的留学生那里。不出所料，当邮轮9月17日抵达菲律宾马尼拉时，广播里又开始呼叫"漏网"的鲍文奎。船长室里等着他的是两个美国情报官员和两个菲律宾警察。他们"约见"鲍文奎的理由是，怀疑他的行李有违禁品，必须开箱检查。经过仔细检查后，美国人并没有查到什么有用的东西，但是他们并不死心，企图扣下鲍文奎。由于当时的菲律宾不受美国驻军的管制，菲方警察要求美国特工"在菲律宾国土和海域上抓人，必须办理正式手续"。无奈之下，美方只好把鲍文奎的笔记本扣下，勉强放了人。

但是，事情还远远没有结束。邮轮在抵达香港时，涂光炽作为船上中国留学生联谊会的主席，代表全体同船旅美学者和留美学生，接受了香港《大公报》记者的采访。他介绍了中国学人沿途遭受美国特工迫害的真相，义正词严地谴责了美国当局践踏人权的卑劣行径。抵达广州后，他又领衔起草了公开通电，以正视听。电文写道："我们谨以最愤慨的心情，向国人报告三位同胞在日本横滨港遭美国陆军部无理拘留的经过：8 月 28 日邮轮到洛杉矶时，赵忠尧教授被移民局职员再三盘问和搜查行李，书籍几乎被全部扣留。9 月 12 日船到日本横滨时，美国驻日本占领军第 8 军，竟无理将赵忠尧教授及罗时钧、沈善炯两同学扣押。9 月 17 日船到菲律宾马尼拉时，鲍文奎同学复被美国特务检查行李历时 4 小时，幸未被扣。我全体同学对这次美国陆军部借武力非法扣押我国学者和归国同学的行动，极为愤怒。我们除将上述情况报告我中央人民政府外，并向美国国务院提出严正抗议……"

为了援救被扣押的钱学森、赵忠尧等中国科学家，中华人民共和国总理兼外交部部长周恩来发表严正声明。应钱三强的请求，世界保卫和平委员会主席约里奥·居里对美国政府的无理行径提出强烈谴责。1950 年 9 月 23 日，《人民日报》发表报道《美政府阻挠我留美教授学生归国　钱学森等被非法扣留　归国学生发表声明抗议美帝暴行》。最终，美国政府迫于国际舆论的巨大压力，在对赵忠尧等三人非法关押长达两个多月后，于 1950 年 11 月底将他们释放。

1951年1月赵忠尧（右三）等科学家在北京受到热烈的欢迎

回顾历史，20世纪50年代是一个时代的转折。成立不久的新中国，国家建设急需各类人才。"威尔逊总统号"这次充满波折的旅程，为新生的中国带回了一大批科学、教育和文化的未来之星，推动了中国的科技发展进程！

2

阳光下启程

　　1950年金秋,"威尔逊总统号"历尽波折,终于抵达了目的地香港。在邓稼先和同船百余名旅美学者和留美学生的眼中,连接深圳与香港的罗湖桥成了一条神奇的通道,踏上它,就能到达他们魂牵梦萦的地方,那里是"祖国",是有家和亲人的地方。眼前,五星红旗高高飘扬;耳畔,"祖国欢迎你"的歌声回荡。离去之时,这里还是战火纷飞的故园,归来之日,已四处洋溢着新生的快乐与希望。沧海桑田,世事变迁。每个人都被深深地感动着。

　　几日后,邓稼先登上了自广州北上的列车。纵贯南北的行程,数千里之遥,尽量抑制住内心的激动,邓稼先静静地靠在车窗前,凝视着窗外飞驰而过的田野,陷入了沉思。中华人民共和国成立仅仅一年,许多地方依旧满目疮痍,战乱留下的残垣断壁随处可见,旧社会破败贫穷的景象尚未改变。车窗外是南方多泽的水乡,时常看见往来于河边挑水的农妇。一位老妇人赤着双脚走在泥泞的田埂上,高高挽起的裤脚上沾满了泥浆,肩头的扁担被沉重的木桶压出了明显的弧度。她看上去动作娴熟,一手拉住前方的钩绳,配合着重担的上下起伏有节奏地迈动着脚步。单薄的衣衫上大大小小的补丁清晰可见。战争夺去了太多人的生命,也许她失去了丈夫,失去了儿子,生活对她而言,依旧是漫长岁月的磨砺和柴米油盐的艰辛。而这一切似乎在她抬头的瞬间全都虚化,唯见明朗的笑容绽放在她布满皱

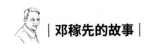

纹的脸上！这笑容中满含的是开心，是怡然？邓稼先一时说不清楚，但是就在那一瞬间，他的脑海里只浮现出一个词，那就是"心花怒放"！不由地，他的眼眶竟湿润了。随着列车的前行，眼前的情景快速退去，高耸的荒山挡住了视线。邓稼先回味着，胸中好似一下子升腾起炽热的火焰，他感觉自己被一种伟大的力量震撼着、鼓舞着，这是中国人民在推翻了"三座大山"后迸发出的前所未有的喜悦和热情！归去来兮，百废待兴。当初立下誓言，"学成一定回来"，如今母亲终于等到儿子归来，儿子自当全力报效祖国！

此时的北平已经正式改称北京，成为中华人民共和国的首都。邓稼先终于重新回到了魂牵梦萦的家乡，见到久别重逢的亲人。值得欣慰的是，父亲、母亲、大姐、三姐全都安好无虞，只是毛弟槜先在一年前参加了南下工作组，前往湖北从事新解放区的开展工作，暂时未能相见。邓稼先的心就像一条漂泊已久的小船驶入了宁静的港湾，有一种说不出的舒心和安定。

因工作暂未确定，邓稼先有了一段宝贵的空闲时光。爱玩爱交友的他有了充裕的时间到处走走看看，拜访旧日的同学和朋友。自己离开不过短短两年，北京城已经发生了翻天覆地的变化。街道上干净整洁，处处秩序井然，再也不见耀武扬威的洋人、横行霸道的兵痞、欺软怕硬的旧警察，也不见了百般纠缠的恶叫花子和卖弄风姿的妓女。大街上，人们忙忙碌碌，车辆来来往往。既有步行的，也有推独轮车的、拉人力车的、赶马车的，还有开汽车的。老百姓们各得其所，脸上洋溢着充实而快乐的笑容。通过与朋友们的交谈，他了解到许多自己在美国根本不知道的事情：国内的土地改革轰轰烈烈，农民们一把大火烧毁了不平等的租约、地契、高利贷借据和卖儿卖女的文书，镇压了"南霸天""北霸天"，彻底砸碎了剥削奴役劳动人民的锁链。工人们组织起来，成立了工会，向资本家争取应有的权益，在工厂的管理经营上取得发言权。劳动人民翻身做了国家的主人，即使是穷乡僻壤不识字的普通百姓，也可以行使自己神圣的选举权利。他们只要简单地把豆子放进候选人背后的碗里，就算投出了赞成票。总之，这一切的变化，正如当时的歌曲《歌唱祖国》中唱的那样："歌唱我们亲爱的祖国，从今走向繁荣富强。"

一切都令邓稼先感到新鲜，甚至神奇。他惊叹于祖国大地发生的如此彻底的社会变革，更惊叹于几千年来受尽压迫的劳动人民在获得民主与自由之后所迸发出的令人惊叹的高涨热情。此时的他好像真正读懂了那位担水老妇的笑容，那是一种发自内心的喜悦，这喜悦与暂时破旧的衣衫、辛苦的劳作无关，它来自千百年来普通民众始终无法企及的自由、尊严和希望。

1950 年的北京前门

邓稼先感到自己是幸运的。此时的他正被一股巨大的伟力推动着，被一种热烈的情感鼓舞着。他热切地期盼尽早奔赴自己的工作岗位，尽快融入这伟大的时代洪流中去……

1950 年中央人民政府颁布
《中华人民共和国土地改革法》

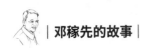

3

幸福八载

1950 年 10 月，邓稼先服从组织分配，进入中国科学院近代物理研究所任助理研究员，两年后，顺利晋升为副研究员。1953 年，近代物理研究所的办公地点由北京的东皇城根搬迁到西郊的中关村。在这里，邓稼先度过了他人生中最为平稳和幸福的八年时光。若说他童年的幸福主要来自衣食无忧的宽裕家境和开朗乐观的活泼天性，那这八年的幸福则来自进取向上的事业环境和成熟心智。

新生的中国正焕发着前所未有的昂扬斗志和生命活力，积贫积弱的现状丝毫未能动摇中国人民自立自强的决心和信心。民主和平的社会环境来

人才济济的中国科学院近代物理研究所（1951 年摄于北京）
（前排左起三至六分别为邓稼先、彭桓武、赵忠尧、钱三强，后排右二为于敏）

之不易，邓稼先倍加珍惜，也万分庆幸，因为此时此刻的他不仅兑现了诺言，如愿登上报效祖国的工作岗位，而且可以心无旁骛地投入自己钟爱的理论物理研究中。一个人能将社会价值与个人价值高度统一起来，无疑是幸运的，更是幸福的。邓稼先深深地陶醉在这样的幸福里。

近代物理研究所可谓人才济济，这里会聚着中国最顶尖的物理学研究者。1952年晋升副研究员后，邓稼先开始在彭桓武教授领导下从事原子核理论研究。

彭桓武教授算得上我国物理学界的一个传奇人物。1938年，彭桓武考取"英庚款"奖学金，远赴英国爱丁堡大学留学。在量子力学奠基人之一马克斯·玻恩（Max Born，1882—1970）教授的指导下，1940年底获得哲学博士学位。次年，他决定回国。然而，此时欧洲已经笼罩在战争的阴云之下，直通亚洲的水路被封锁，于是他计划从大西洋经美国再跨越太平洋，辗转回国。但签证申请表中诸多鄙视和侮辱弱国的条款，让他毅然拒绝："对不起，我不能签！"1941年到1943年，彭桓武和海特勒、哈密顿合作，综合介子场的研究成果，对宇宙线现象进行了较为系统的解释，总结出了以他们名字首字母命名为"HHP理论"。这一理论发展了量子跃迁概率的理论，用能谱强度首次解释了宇宙线的能量分布和空间分布等。1945年，他与导师玻恩合作，以关于场的量子力学与统计力学的探索研究，共同获得爱丁堡皇家学会麦克杜格尔—布里斯班奖（Macdougall-Brisbane Prize）。同年夏天，他又获得爱丁堡大学科学博士学位。此时，彭桓武虽然在欧洲科学界已享有盛誉，他的内心却无时无刻不牵挂着祖国。1945年，第二次世界大战终于结束，他再次打算经欧洲大陆穿越西伯利亚回国。可不久英苏关系瓦解，回国梦又一次破灭。1947年，在国外事业发

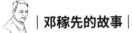
展如日中天的彭桓武，做出了一个让人匪夷所思的选择。他不仅克服重重
困难，登上一艘英国运兵船回国，而且在同时收到了清华大学、中央研究
院和云南大学聘书的情况下，他毅然选择
了条件艰苦的大西南，去云南大学当起了
物理老师。1948 年，彭桓武当选爱尔兰皇
家科学院院士，然而这一消息直到 20 世
纪 70 年代中美建交后他才知晓。他的导
师玻恩曾向爱因斯坦称赞他的爱徒："中国
人彭桓武尤其聪明、能干。他总是懂得比
别人多，懂得比别人快。""似乎他无所不
懂，甚至反过来他还教我。""他永远朝气
蓬勃，乐观向上。"

1940 年彭桓武获爱丁堡大学
哲学博士学位

1945 年彭桓武与薛定谔在都柏林

　　20 世纪 40~50 年代，新中国的原子核物理研究几乎还是一片空白。正是在这片未经开垦的处女地上，邓稼先在彭桓武教授的领导下，与一大批年轻学者一起白手起家，辛勤耕耘。从 1951 年至 1958 年的八年中，邓稼先独立或与于敏、何祚庥、徐建铭等人合作，相继在《物理学报》上发表了多篇学术论文，包括《关于氢二核之光致蜕变》《β 中微子角关联、β－r 角关联和 β 能谱因子》《辐射损失对加速器中自由振动的影响》《轻原子核的变形》等。这些论文算得上我国原子核理论研究的开拓之作。正是基于这批年轻学者的努力进取，近代物理研究所成为当时中国核科学事业的重要发祥地。1958 年，近代物理研究所正式改称原子能研究所。

物 理 學 報

第 13 卷 第 2 期　1957 年 3 月

辐射损失對加速器中自由振動的影響*

鄧 稼 先　　徐 建 銘

（中國科學院物理研究所）

提　要

　　在本文中討論了在高能加速器中，電子的輻射損失的量子性起伏作用對自由振動的影響．給出了計算振幅的普遍公式．在計算中考慮了輻射光子時電子受到的反衝作用，並分別就弱聚焦及簡單的強聚焦加速器進行了數字計算．計算的結果表明：在 400 億電子伏特的弱聚焦加速器中，徑向自由振動振幅達 100 厘米，遠遠大於允許值．在同樣能量的簡單強聚焦加速器中，電子的徑向振幅仍較小，僅約 1 厘米．但在磁場安排比較複雜的強聚焦加速器中，振幅可能略大，須進行實際計算．

　　1957 年 3 月，邓稼先与徐建铭合作发表于《物理学报》的学术论文

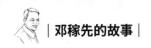

在担任中国科学院物理研究所副研究员的同时，邓稼先还被选中兼任数理化学部的副学术秘书，协助学术秘书钱三强同志和吴有训副院长的工作。虽然工作内容大多限于学术，但任职期间自然少不了与各种脾气秉性的科学家们打交道。这无疑给邓稼先提供了宝贵的锻炼机会，令他在处理一些政治问题和联系群众方面有了不少实践经验。这些经验在无形中为他日后做好原子弹研发的科研组织领导工作打下了坚实的基础。

1953年，事业上平稳起步发展的邓稼先迎来了人生的另一个幸福的时刻——29岁的他与许鹿希女士步入了婚姻的殿堂。

许鹿希出身名门。父亲许德珩是一位杰出的政治活动家、教育家，九三学社创始人和领导者。母亲劳君展，同为九三学社的创始人，早年留学海外，先后就读于里昂大学、巴黎大学，是著名物理学家居里夫人唯一的中国学生，更是其在镭研究所的亲密助手。许德珩夫妇1927年归国后曾于北京大学等多所高校任教，与邓稼先的父亲邓以蛰教授是交情匪浅的老友故交。早年间，许邓两家就常常走动来往。许氏夫妇算是看着小稼先长大。许夫人还清楚地记得，在稼先小的时候，有一次他们去北沟沿的邓家拜访，刚跨进堂屋，便看见这个小顽皮双手吊在门框上，来回晃着打着秋千，见有客人进门，不仅没有躲避，还伸着脖子向内屋高声喊道："父亲、母亲，有客人来了！许伯伯、许伯母来看你们了！"这一嗓子差点儿让许氏夫妇笑出声来，对这个活泼可爱的孩子也留下了深刻的印象。此后每每回忆起来，都禁不住哑然失笑。只是他们当时还未能想到，这个顽皮的小子日后会成为自己的女婿，会成为新中国的"原子弹之父"。

可以说，许德珩夫妇对这位未来的女婿知根知底，非常满意——论相貌才识，无可挑剔，而在更深层次上，赞赏的是他的人品胆识。这一点，也许正是翁婿二人的契合之处。许德珩教授曾经是五四运动中著名的学生领袖，当年被捕的 32 名学生，他就是其中之一。晚年的许鹿希有这样一段清晰的回忆：1959 年的一个周末，已经秘密投入原子弹研究工作的邓稼先和妻子一起，带着孩子去看望老人。翁婿二人聊天时，谈起当年火烧赵家楼的义举，邓稼先问岳父许德珩："1919 年，您已经 29 岁，就要从北京大学毕业，如此不顾一切地投入学生运动中，就没有考虑自己的未来和前程吗？"许德珩教授看了邓稼先一眼，只回答了一句："国家兴亡，匹夫有责！"只是简单的一句话，却在邓稼先心中引发出强烈的共鸣。尽管关于自己的工作，他什么也不能说，但面前这位可敬可亲的长辈，与自己是真正的"志同道合"。

与妻子许鹿希的最初相识，还得追溯到邓稼先出国留学之前。当时的他还在北京大学任助教，主要的教学任务之一就是为北大医学院的学生教授物理实验课程。在读的许鹿希便有缘成了他的学生。在他们彼此的印象中，她，虽然衣着朴素，骨子里却透着一股掩藏不住的闺秀气质，生得眉清目秀，一头短发利落地拢在耳后，一副眼镜令她看上去斯文又干练，做起实验来，总是思路清晰，手脚麻利又不失细致；而他，身材高大，年轻帅气，眉宇之间总是透着一股英气，讲起课来声音不大，甚至时常显得有些羞涩。因为父辈相熟，两人很快就熟络起来。碰到不懂的问题，许鹿希经常向邓稼先请教，邓稼先也总是不厌其烦地悉心解答。可惜课程结束后不久，邓稼先便远渡重洋，赴美留学，一别经年。1952 年，全国高等学校院系调整，北京大学医学院脱离北京大学，独立建院并更名为北京医学院。1953 年，完成了七年学制的许鹿希从北京医学院顺利毕业，留校于解剖学教研室任教，专攻神经解剖学。许邓两家的世交关系加上北大的师生之缘，一切都令二人的爱情与婚姻自然地发生、发展了下去。在主婚人中国科学院副院长吴有训教授的见证下，这对才子佳人终成眷属。

邓稼先与许鹿希合影（1953 年摄于北京）

婚后的家庭生活安定又幸福。他们把小家安在了中关村科学院宿舍。当时的中关村还是北京偏远的西郊，在北京医学院上班的妻子每天上下班乘坐的 31 路公交车，每隔 40 分钟才有一班，而且乘客稀少。从离医学院最近的皇亭子站步行至学校，至少还有两站地距离，一路都是空旷无人的野地。为了能准时上下班，许鹿希每天早出晚归。到了晚上，心疼妻子的邓稼先总是估算好时间，骑着自行车提前到汽车站等候。有时载着她，一路有说有笑地回家；有时索性推着车子，和妻子一起在无人的马路上漫步，沉浸在恬静而美好的岁月时光中。回到家里，这两位大知识分子时常会享受一种他们自己特有的、别致的生活情趣。各自看书学习时间久了，放松的形式也很是特别。邓稼先喜欢在妻子面前"吹嘘"自己英文好，掌握的单词多。妻子当然知道，早在西南联大读书的时候，稼先就下苦功背过牛津大词典，加上美国的两年深造，所以此言绝对不虚。不过，为了挑战和满足一下丈夫的好胜心，便装作不服气的样子，出题来考。要知道，妻子也是北医七年的高才生，要一比高下，也算是棋逢对手。考题自然是由易到难——

"河马？""hippo。""斑马？""zebra。"邓稼先反应快，几乎是随口就答。聪明的妻子灵机一动，继续出题："麻醉？"这可是医学专业词语。"anaesthetize。"没想到，连这样的词都难不倒他，妻子心里不禁暗暗佩服，不得不拿出杀手锏。她歪着脑袋，眼睛下视墙角，做出一副绞尽脑汁的模样，突然问道："那你说说，'视网膜'该怎么说？"

"视网膜？"邓稼先一下子愣住了，随即哈哈大笑着表示投降。

1954 年和 1956 年，他们的一双儿女先后降生。这个小家庭因此变得热闹而忙碌起来，也常常充满了欢声笑语。

邓稼先每天下班走进家门后的第一件事，就是跑去逗孩子们玩。只要是和孩子在一起，他就好像被施了魔法一般，立马返老还童，完全没有了为人父的样子。他要刚会说话的女儿典典在"爸爸"前面加上各种形容词，变换花样夸自己是个好爸爸。立秋节气一到，他就忍不住加入孩子们中间，打着手电，循着鸣声，蹑手蹑脚地到墙角的瓦砾下逮蛐蛐儿。每每战果丰硕，他便要得意地向儿子平平面授机宜：今天抓到的蛐蛐是什么品种；什么时候、在什么地方，才能抓到能征善斗的大家伙；手电的光如何照，瓦片如何翻动，蛐蛐才不会逃跑；如此等等，滔滔不绝。每逢年节，父子俩就站在阳台上放"二踢脚"，比赛看谁的爆竹崩得远、炸得响。邓稼先家当时住的房子远在西郊，楼前一片空旷，站上四楼，几乎能看到 10 千米以外的新街口豁口。这爷儿俩便放心地一个接一个地将爆竹点燃，看着它们呼啸着飞出去，在空中炸出震耳的巨响。那声音在房前开阔的空间里清脆嘹亮，响彻云霄。他们总是乐此不疲地玩着，直到夜幕降临了，还舍不得收手。妻子少不得会对满脸满手都脏兮兮的父子俩数落几句，埋怨丈夫总喜欢带着孩子疯玩。邓稼先笑呵呵地回道："孩子嘛，不要管得太死，我小时候也是这样的。"妻子忍不住笑出声来："快别说小时候，当了

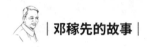

孩子的爸爸，不也一样嘛！"这样的对话，总是在夫妻俩会心的笑声中画上句号。

到了星期天，邓稼先夫妇就带着孩子们，轮流探望两家的老人。一到爷爷奶奶姥姥姥爷家，孩子们就马上自动变成了老人们的"私产"。他们总是一边变戏法似的拿出各种吃食，一边亲昵地搂着孩子们问这问那，又是背古诗，又是讲故事，祖孙三代共享天伦，其乐融融。这时候，小夫妻俩显然已没有了插手插话的份儿，只能老老实实待在一边帮忙做些家务，静静地陶醉在这幸福和谐的画面之中。此时的他们向父母们奉献了欢乐，也尽情地享受着从老人那里折射回来的幸福。孩子们在尽情疯玩了一天之后，还能把各种各样好吃好玩的东西打包带回家，嘴里刚刚说完"再见"，心里却又盼着下一个周末快点到来了。

20 世纪 50 年代是新中国历史发展的黄金时期。在中国共产党的领导下，人民政权得以巩固，全国人民以空前高涨的热情投入祖国建设，抗美援朝战争取得了伟大的胜利，第一个"五年计划"制定并实施。早在学生时代就倾向革命、投身民主运动的邓稼先在这股时代的洪流中，早已发自内心地对党充满了信任和爱戴，也不断坚定了自己的社会主义理想和共产主义信念。在新中国浓厚的政治氛围中，在党的教育下，他越来越明确自己的人生道路和政治追求。1956 年 4 月，经原子能研究所李寿枏（nán）和岳起两位同志介绍，邓稼先光荣地加入了中国共产党。

1956 年 4 月 22 日，《人民日报》头版刊登了题为《一批科学工作者加入中国共产党》的消息，报道说："据新华社 21 日讯，中共中国科学院机关委员会在北京举行大会，接收了北京区各研究单位三十五名研究人员和工作人员入党。……在这些党员中，还有……物理研究所副研究员邓稼先……"妻子许鹿希早在 1950 年大学期间就已加入党组织。夫妻二人的同志关系使他们在今后许多人生选择、大是大非问题上，更加志同道合。

一批科学工作者加入中国共产党（1956年）

人民日报电子版 new.zlck.com   1956年4月22日

据新华社21日讯

中共中国科学院机关委员会今天在北京举行大会，接收了北京区各研究单位的三十五个研究人员和工作人员入党。

中国科学院植物研究所真菌植物病理研究室主任、北京农业大学教授戴芳澜是这批新党员中年资最长的一个，他是中国植物病理学的奠基人之一。在国民党政府统治的年代，戴芳澜曾经在国内不少学校教过书，他遭受过学校里宗派的排挤和帝国主义分子的欺侮，但从不向黑暗势力屈服。他在战争的艰苦时代里，依靠卖东西度日，也从不间断地进行科学研究工作。解放以后，他受到了党的教育，经过了思想改造、抗美援朝等运动以后，他进一步靠近了党，并且认识了党。这位出身于贫苦家庭的六十三岁老科学家表示决心要为共产主义事业奋斗到底。

著名的古脊椎动物学家杨钟健几十年如一日地致力于古脊椎动物化石的分类、进化分析及其对地层关系的研究，在中生代和新生代的研究方面，他更有重要的贡献。这位年近花甲的老科学家在申请入党的时候，严格地检查了他生长期以来有关政治等的落后思想。

在这批新党员中，还有真菌植物病理研究室研究员邓叔群，地质研究所副所长张文佑，植物研究所副所长张肇骞，物理研究所副研究员邓稼先，女助理研究员王树芬等。

……以上为《人民日报》原始内容……

1956 年 4 月 22 日《人民日报》（电子版）头版新闻
《一批科学工作者加入中国共产党》
报道了邓稼先入党的消息

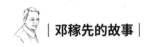

4

转 折

时间荏苒，转眼已是 1958 年的盛夏。邓稼先没有想到，这个夏天，他将迎来自己人生最为重大的抉择和转折。从此，他踏上了一条艰辛而光荣的奋斗之路，也为此献出自己的全部，乃至最宝贵的生命。

8 月的一天，时任第二机械工业部副部长和中国科学院原子能研究所所长的钱三强，久久伫立在办公室窗前，陷入了沉思。窗外阳光炽烈，蝉鸣聒噪，令人难以平静。钱部长心中正反复思忖着即将要开始的一个重要谈话，自

钱三强（1958 年时任第二机械工业部副部长和中国科学院原子能研究所所长）

己该如何措辞，才能表达得既中肯，又不致给谈话对象造成太大的心理负担呢？他的视线顺着楼前的水泥路望向远方。路边的行道树枝叶尚疏，要长成参天大树，洒下密密浓荫，须得假以时日吧！可是，中国的国防事业，尤其是核事业，已经不能再等待了……

可是，要在一穷二白的新中国建立和发展核工业，谈何容易！积极争取苏联的援助，似乎是当时人们能想到的唯一现实的途径。从 1955 年到 1958 年，在核科学技术和核工业领域，中苏两国政府先后签订了 6 项援助协定。其中包括了 1956 年 8 月签订的《关于苏联援助中国建设原子能工

业的协定》和 1957 年 10 月签订的《关于生产新式武器和军事技术装备以及在中国建立综合性原子能工业的协定》(简称《国防新技术协定》)。按照书面协定，为援助中国原子弹研制，苏联将向中国提供原子弹的教学模型。即便如此，毛泽东同志仍清醒地认识到："现在苏联对我们援助，我们一定要搞好！我们自己干，也一定能干好！我们只要有人，又有资源，什么奇迹都可以创造出来！"

因此，人才是关键中的关键。中方需要派出大批科技人员参与到原子弹研制工作中来。他们不仅需要和苏联专家打交道，还要把他们的技术和经验学到手。不言而喻，这是一个巨大的难题。究竟由谁来负责此项工作呢？虽然中科院和二机部人才济济，但要找到胜任该项工作的合适人选，着实不易。领导们心目中的这个人选，必须满足三大条件：首先，就是要政治过硬——工作事关国防机密，此人必须觉悟高，品德好，组织观念强，有奉献意识；其次，就是业务过硬——从事如此高精尖的攻关研究，此人必须专业对口，有相当高的专业水平和科研能力；最后，也是极为重要的一点，就是要善于人际交往——不仅性格好，处事灵活，最好还要留过学，懂俄文，知道如何与苏联专家和我们的科学家打交道，而且，此人名气不能太大，要为人谦逊，善于学习，能够快速将技术学到手。这个万里挑一的人选究竟能是谁呢？领导们的大脑飞速运转着，在所有可能担此大任的科学家们中间来回反复挑选、比较、掂量……最后选定的他，就是钱副部长今天要见的人。

一阵敲门声响起，钱副部长收回了纷繁的思绪。跨入办公室大门的，正是邓稼先。他就是钱部长斟酌再三，推荐给二机部和中科院党委的人选。对于眼前这个年轻人，钱副部长再熟悉不过了。从 1954 年起，邓稼先就在自己身边兼任数理化学部的副学术秘书，辅助自己工作。四年来，对他的性格特点、专业水平以及为人处事的风格，都有了很深入的了解，可以说，他是完全能够胜任该项工作的合适人选。但是，此时邓稼先站到了眼前，钱副部长的心底又充满了矛盾与纠结。虽然研制原子弹的任务于国于民意义重大，使命神圣而光荣，但是这项重任可能带来的巨大工作和精神压力，包括不可预知的健康风险，也将是普通人难以承受的。自己该如何将这个利弊双关的消息告诉眼前这个年轻人呢？他会不会不敢接受？

钱副部长思忖再三，终于开了口："稼先同志，国家要放一个大炮仗，调你去做这项工作，怎样？"他决定故意做出漫不经心的样子，用略带幽默的口吻，先和邓稼先打了个哑谜。

"大炮仗？"邓稼先瞬间就反应过来，心里不免咯噔了一下。部长口中的"大炮仗"自然指的是原子弹，可是……他心中想着，嘴上不由地跟着自言自语地说："我能行吗？"这副担子毕竟太沉重了，虽然自己从事原子核物理研究，但毕竟属于理论物理范畴，原理和武器之间，相差了十万八千里，万一做不好，自己如何向党和人民交代？

钱副部长似乎完全理解邓稼先的顾虑："我们觉得你是完成这项工作的合适人选。"但也语重心长地提醒："不过，这项工作的保密性很强，一旦涉足，就意味着你今后要隐姓埋名，你的一切学术成就也许永远都不会公开，也不能让你的家属知道你的工作性质和内容。你，愿意吗？"

名利问题向来不是邓稼先考虑的重点，他甚至没有时间去多想担负起这项工作将给自己的后半生带来什么样的影响。此时他的内心已经完全被一种激动和兴奋占据了："我们终于要搞自己的核武器了！"

5

"话别"

迈出钱副部长的办公室，邓稼先还沉浸在激动与忐忑胶着的情绪之中。回到办公室，他久久地坐在桌前，思绪有些纷乱，脑海中来回盘旋的都是究竟该如何着手未来充满艰辛的工作，要一切从零做起，谈何容易。不知不觉中，已经过了下班的时间。

夏日夜短昼长，天色仍亮。邓稼先骑着自行车，缓缓前行，此时的他突然意识到另一个迫在眉睫的问题——自己该如何向妻子解释这一切呢？关于接下来的工作，自己要去哪里，去做什么，一个字也不能对妻子说。作为自己最亲近的人，她能理解吗？家中两个孩子年纪还小，自己的父母都身患肺病，需要有人照顾；况且，妻子刚刚 30 岁，正是个人事业发展的关键时候，而自己突然间就要把照顾家庭的全部重担压到她一个人柔弱的肩膀上，她能经得住吗？想到这儿，邓稼先的心似乎都揪到了一起。

西郊的医学院宿舍依然空旷又安静，邓稼先的步伐有些沉重，爬上三楼，轻轻地推开了家门。听到开门声，正一起玩耍的女儿典典和儿子平平立刻起身，一边大声叫着"爸爸，爸爸"，一边向他跑过来，扑进他的怀里。他亲热地搂住孩子们，在他们的小脸蛋上亲了亲，露出了开心的笑容。妻子正忙着做晚饭，随口问道："今天怎么晚了？"邓稼先只是点了点头，没有回答。他让孩子们自己去玩，独自走到桌前，坐了下来，身体靠向椅背，闭上了眼睛。妻子没有再问什么，也许邓稼先是累了，想休息一下吧。可是，这天的晚饭，邓稼先并没有像往常一样，乐呵呵地喝上两口。这一切，细心的妻子都看在眼里，觉得有些不同往日。邓稼先是不是工作上遇到了什么不顺心的事情？不过，依邓稼先的性格，应该很快就会过去了吧。妻子猜度着，忍住没有再问。

夜深了，邓稼先却在床上辗转反侧，难以入眠。

"稼先，是不是碰到什么事儿了？"妻子终于忍不住询问，但尽量让语气显得不甚在意。

"啊，没，没啥大事。"邓稼先含混了一句，并没有明白地答复。其实，一时间他还不知道要从何说起。

妻子的直觉是细腻而准确的。丈夫说话有些吞吞吐吐，她敏锐地辨别出这其中并非忧愁或者压抑，而像有些心不在焉，或更准确地说，是心事重重，想说却又难于启齿。丈夫只是一个安安心心搞科研的学者，工作上会有什么难以言说的大事呢？妻子费力揣度着，不再追问。邓稼先也在反复斟酌着接下来要说的话。二人陷入了长久的沉默。

夜，沉静如水。蛙叫虫鸣，清晰可闻。时间，在缓缓地流逝。

最后，还是邓稼先打破了沉默。他微微抬起身，靠在床头，开了口，声音很轻："我要调动工作了。"

"调到哪里？"妻子怔了一下，问道。

"这不知道。"

"干什么工作？"

"不知道，也不能说。"

"那么，到了新的工作地方，给我来一封信，告诉我回信地址，行吧？"

"大概这些也都不行吧！"

"真奇怪。"妻子完全茫然了，脑海中瞬间闪现出若干种猜测，这都解放这么多年了，难道还需要调到敌人窝里去工作？为什么什么都不能说？

一个不能问，一个不能说，对话不得不戛然而止。二人再次陷入了沉默。寂静之中，妻子似乎能听见丈夫为克制自己的情绪发出的急促的呼吸声。

邓稼先深深知道，在投入工作之前，必须给深爱自己的妻子一个交代，否则让她如何安心，又如何经得住未来生活的重压？尽管关于工作的具体内容，自己还是不能多说一个字。接下来的话更显艰难：

"希希，我今后恐怕照顾不了这个家了，这些全靠你了。"

丈夫还是那么亲昵地唤着自己，可是这句话却像兜头浇下的一盆冷水，妻子一言未发。

可接下来，她听见的是丈夫满含坚定和自信的声音，这声音几乎令他在黑暗中发出光来：

"我的生命就献给未来的工作了。做好了这件事，我这一生就过得有意义，就是为它死了也值得。"

这几乎是豪迈，甚至悲壮的誓言。

妻子的心不禁一紧。她太了解她的稼先了。刚刚的那些话是丈夫发自肺腑的声音，他要做的一定是有关国家利益的大事。只要是他选定的道路，必然会义无反顾，不惜奉献出自己的一切。而他又是那么重感情的一个人，那么爱父母、爱孩子、爱这个家。如今，他要为大家舍小家，心里一定充满了不舍，自己必须无条件地为他分忧。

妻子抬起手臂，拧亮了床头的台灯。她深情地望着丈夫的眼睛，将自己的手轻轻抚在他的手背上，说："放心吧，我是支持你的！"

这注定是一个不眠之夜。

1958 年，邓稼先接受原子弹研制任务后与
妻儿拍摄的全家福

邓稼先一生不慕虚荣，尤其不太喜欢拍照。记得 1956 年他刚刚入党的时候，报社记者为了报道青年高级知识分子入党的消息，特意要给他照一张相，他却说什么也不同意。他觉得自己就是个普通人，照片上报，"很难看"。而就是这个不爱照相的他，1958 年，正式接受任务以后不久，特别拉着妻子和孩子，去照相馆拍了一张相当正式的全家福。照片中的他身着深色的中山装，头发梳理得一丝不苟，34 岁的年纪，既显得成熟稳重，又不失潇洒帅气。多年以后回望揣度，也许，当时的邓稼先就像一个即将奔赴战场的将军，临行前以此来完成与妻儿最后的"话别"。从此，他开始了隐姓埋名、与家人聚少离多的 28 年的人生……

附：朗诵作品

等　待

——邓稼先的故事

作者：李翚

　　这是一张拍摄于 1958 年的全家福。一张分别前的合影。年轻的妻子不知道丈夫要去哪里，要去做什么，她本以为啊，分开可能就是几个月，最多也就是一年吧。可她怎么都没有想到，这匆匆的一别就是整整 28 年的聚少离多。

　　这位妻子名叫许鹿希，当时是北京医学院的老师，她的丈夫是我们熟知的两弹元勋邓稼先。

　　是什么，让一位 34 岁的年轻人，告别了他的妻子和 4 岁的女儿、2 岁的儿子，隐姓埋名，义无反顾地走进大漠荒烟？

　　孩子们常常问，"爸爸去哪儿了？为什么总不回家？"我不知道该怎么回答，我能做的，是和他们一起默默地等你，等你回家。

　　1964 年 10 月，中国第一颗原子弹爆炸成功；1967 年 6 月，中国第一颗氢弹爆炸成功。邓稼先和他的战友们，让胜利的冲击波一次次从西部的大漠传遍全世界。让世界重新认识了一个全新的中国。

　　稼先，这些年虽然你一直没有告诉我你究竟在做什么，但我已经隐隐约约猜到了，你正从事着关系中国命运的重要事业。我想告诉你，我有多么地为你骄傲。

　　对于许鹿希来说，青春就是漫长的等待。1985 年，整整 28 年后，邓稼先终于回来了。可是此时的他已经是 61 岁的白发老人，一位癌症晚期的病人。他多想能多陪陪自己的妻子，弥补这些年对她的亏欠。可是属于他们的时间真的不太多了，只剩下了最后的 363 天。

最后的时间，你几乎都在病床上。止疼针从每天一针到一小时一针，可你依然在不停地工作、工作。

1986 年 7 月 29 日，邓稼先离开了。临终，他留下了最后一句话："死而无憾！"

稼先，你走了，走得那么急。等待的岁月那么长，相聚的日子为什么却那么短。本以为年轻的时候我们不能相守，等老了我们就可以相依相伴，可你怎么、你怎么就把我丢下了呢？稼先，我舍不得你，我好想你啊，我还有好多话没来得及对你说，还有好多事想听你告诉我。

许鹿希开始用她的余生去追寻丈夫这些年的足迹，她走遍了全国，采访了 100 多位丈夫的同路人，写下了一本《邓稼先传》。历史总是有太多令人心疼的巧合，这本书出版的时候，距离邓稼先离开刚好又过去了 28 年的时间，前 28 年等待，后 28 年追寻。

稼先，你走了 28 年，我找了你 28 年，时光用一种残忍的温柔，带着我重新走向你可歌可泣的人生，戈壁滩上这张遮得严严实实的照片，让我明白，你惊天动地的功绩之后，究竟隐藏着怎样的惊心动魄！

那是 1979 年的一次核弹空投试验，天空没有出现蘑菇云，核弹从高空直接摔到了地上。

"核弹去哪里了，为什么没有爆炸？"

"我们要马上进入事故区，必须找到这枚弹头！"

"不行，太危险了！核辐射可是要命的，不行不行！"

"不行，太危险了，核辐射可是要命的。你们都不要争了，我进去，你们进去了，也不能解决问题的，因为它是我设计的。为了它，我哪怕死了也是值得的。"

你义无反顾地走进了试验区，找到了核弹的碎片。走出来后，你说的第一句话是：

"平安无事，平安无事，同志们，我们的试验可以开始啦。"

稼先，你怎么那么傻，你怎么那么不要命呢？

"这事我不去谁去，责任书上的签字人是我呀。刚站起来的中国可以没有邓稼先，但是不能没有它！"

这是我最熟悉的背影，这是我最熟悉的你，我知道这就是你，这才是你。如果让你再一次选择你的人生，你还是会义无反顾地走上已经走过的道路，奉献到倾尽所有，奋斗到至死方休，用尽一辈子做一件对国家有意义的事情，你从不觉得这是牺牲。

是的，这当然不是牺牲，因为所有的付出都是值得的。当国家把这样的信任放在了我的肩头，当人民把这样的期许交付到我的手中，当千千万万我的同志、我的战友们和我并肩前行，我的一生已经值得，为了祖国，牺牲值得！为了人民，奉献值得！为了明天，奋斗值得！

为了你，等待值得！稼先，你知道吗，你走了以后，国家给我们家分了新的房子让我搬家，我没有搬，因为这老房子才是我们俩的家，这里有我们短暂的记忆，这里有你留下的身影。你看，家里的陈设都没有变，和60年前一样，你最爱坐的沙发，就是你当年离开家时的样子，我会坐在这里，我会轻轻地闭上眼睛，我会听到你走进家门，走到我的身旁，对我说出我最爱听的那句话：

"希希，我回家了！"

第四章

艰难跋涉

1

白手起家

1958 年 8 月，邓稼先没有丝毫犹豫地接受了原子弹研制的艰巨任务。对于未来，他无暇，也不愿过多地考虑自己个人的得失，因为此时，他的心完全被一股宏大的力量牵引了——当年立下誓言"学成一定回来"，如今，自己不仅有机会学以致用，而且担负起的还是党和人民赋予的如此光荣和伟大的使命，这是何等的荣幸！"黄沙百战穿金甲，不破楼兰终不还。"邓稼先满怀报效祖国的信心和热情，抱定奉献一切的觉悟和决心，奔赴新的工作岗位——二机部九局。

1958 年 2 月，第二机械工业部成为组织领导核工业建设的专门机构，而其下属的九局，于 1964 年 2 月后改称九院，即核武器研究院。邓稼先是第一批向李觉局长报到的三人之一。

九局首要解决的是人的问题。招兵买马成了第一步。北京、上海、南京等地各大名校相关专业毕业生的材料很快汇集到二机部，具体的选拔工作自然落到了邓稼先肩上。经过仔细筛选上报，二机部从清华、北大、复旦、南大等著名高校选调了 26 名优秀毕业生。他们于 1958 年 9 月底前从全国各地会集到首都北京，并幸运地参加了国庆大游行。而等到踌躇满志的大学毕业生们向邓稼先报到时，他们才知道，未来一段时间他们要做的工作，并不是科研攻关，而是自己动手盖房！

人有了，还得有办公场所。1958 年 7 月，二机部批准九局先开工建设

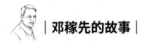

一个过渡性机构，供专家和技术干部开展工作以及接收苏联技术资料和模型。这个机构对外称"北京第九研究所"（简称"九所"）。待核研究院筹建完成后，再择机搬迁到之前就已经开始建设的青海省海晏县金银滩草原（"221基地"）。二机部部长宋任穷指示，鉴于九所工作的特殊性，不能在部机关内久留，必须独门独院，而且最好在郊区。于是，北京城德胜门外元大都土城附近的一大片高粱地就成了日后九所的院址——花园路3号，俗称"三号院"。

没有房子怎么办？自己盖！这在21世纪的今天，也许根本无法想象。按理说，要盖一栋国防尖端科技研发使用的大楼，即便举全国之力，聘请一流的设计和施工单位，秉承一流的建筑标准，也绝不为过。可是，20世纪50~60年代，情况完全不同。一是因为事关九局的一切，均属国家机密，行事绝不可大张旗鼓，涉及的人与事自然是越少越好；二是国家人财物力还十分有限，不等不靠不要，艰苦奋斗，自力更生，是新中国建设过程中全国人民的觉悟和共识；三是自1949年中华人民共和国成立以来，全国就掀起一场轰轰烈烈的思想改造运动，尤其强调知识分子与工农群众的紧密结合，旨在彻底清除传统观念中的糟粕，提倡在实践中学习的科学态度和密切联系群众的优良作风。

于是，邓稼先率领全局所有的年轻人，全身心投入施工的行列之中。他们不仅要砍掉地里高过人头的高粱秆儿，把土地翻整平坦，还得铺好人走车行的道路，而后打地基、砌墙、抹灰，干好各种建筑工地的杂活儿。以往在科学院物理所，他是人们眼中的"娃娃博士"，被称为"小邓"，可如今到了九局，他做了理论部的主任，也升格为年轻人口中的"老邓"，但是他根本没有领导的架子。一开始还对他敬而远之的年轻人发现，这位领导不仅身先士卒地干活，而且比年轻人还爱玩、会玩。于是，大家的"胆子"也大起来，经常和老邓天南海北地聊天，互相开玩笑，甚至起外号。集体内部的关系慢慢变得既融洽又亲近。刚刚毕业的大学生们血气方刚，自然会有人心气不顺、思想不通。这么多年，寒窗苦读，如今却做起了苦力，难道不是一种浪费吗？邓稼先不喜欢对人评头论足或者批评教育，他只诚恳地表达自己的感受。有时发自肺腑："通过劳动，我觉得把自己矮的那一块补起来了"，有时满怀豪情："我们这是白手起家！"他的话总是情真意切，无形间启发和鼓舞了所有人。时间久了，他就像一块磁石，渐渐地将九局年轻人的心凝聚了起来。

可是难题绝不止于体力劳动这么简单，最困难，也是最重要的是完成领导交给的艰巨任务——设法从苏联专家那里学本事。要想在短时间内完成原子弹的研制，当时人们能想到的唯一可能的途径，只能是从苏联"老大哥"那里得到指导和援助。可是，事实证明，这条人们眼中的"捷径"并不好走。其实，苏联的援助从一开始就是有限度的，最主要的原则就是"尽量不提供军事援助"。当然，在中国核工业系统工作的200多名苏联专家执行起这项规定来，自然是因人而异，态度各有不同。有的和善友好，而有的则教条生硬。

邓稼先接触的第一位苏联专家名叫列金涅夫。他是个喜欢中国文化并且和蔼可亲的人。平日里他喜欢穿中式棉袄，爱喝乌龙茶，和中国专家在一起，常常谈笑风生。当然，列金涅夫并不敢随意突破苏联政府的限制，给中方领导、专家的授课，也总是处于苏联顾问团的严格监控之下。他的讲课常被顾问们奇怪的咳嗽声打断，无奈之下，剩下的内容只得含糊其词，草草收场。不久，列金涅夫就被调走了。

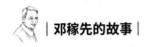

继任者来了不久，就得了"哑巴和尚"的绰号。顾名思义，这位"外来的和尚"只敲木鱼不念经。苏联政府承诺的原子弹教学模型迟迟不能到位，这位专家便为中方人员开列出 25 本必读书目，说只有读好这些书，才能弄懂教学模型。对此，大家不免难以理解，却不便言明。因为二机部部长宋任穷事前就有指示：对苏联专家，要像挤牙膏，能挤就挤，挤一点算一点。可是，接下来这位专家布置的书目越发离奇，内容涉及了上百个专业，甚至还有如何养花的书籍，弄得邓稼先哭笑不得。但是，他还是客气地请教说："请问花匠和原子核物理有什么关系呢？"专家无法回答，只能傲慢地反问："你为什么不问原子核物理学家要不要在开满鲜花的环境里工作呢？"苏联"老大哥"并不慷慨，学本事的道路根本走不通。

在硬件设施的建设上，也不得不唯"苏联专家"是从。为了接收苏联提供的原子弹模型和技术资料，需要建一个类似仓库的原子弹教学模拟厅。九院先是耗费了三个月的时间，将模拟厅如期建成。按照专家的要求，模拟厅被建成了足有两层楼高的平房，窗户设计得极小，位置很高，目的是防止有人从外部窥看。不仅如此，作为遮蔽物，还特别在房前靠近马路的一侧竖起了一座十层楼高的大烟囱。建设过程中，苏联专家百般挑剔，先说模拟厅的地面不够平整，邓稼先就带领着年轻人立即去平整地面，直到平滑得用水平仪也测不出偏差。接着专家们又说，窗户上没有加装防护栏杆，于是又以最快的速度装上了结实的铁栏杆。专家们又提出保密措施仍不够，要求再加设"足迹地带"。总之，邓稼先带领大家，严格按照要求，一项又一项地整改、补建，直到专家们满意，找不出任何毛病为止。

苏联专家对科研人员进行指导

　　愿望总是美好的，现实却往往残酷。1959 年 6 月 20 日，苏共中央致函中共中央，以苏美英等国正在谈判禁止核试验为由，提出暂缓向中国提供原子弹的教学模型和相关图纸资料。一年后的 1960 年 7 月 16 日，苏联政府正式照会中国政府，决定自同年 7 月 28 日至 9 月 1 日，撤走在华的全部苏联专家。中苏关系彻底破裂。匆忙撤离的苏联专家仅留下一些未及销毁的碎纸片，受命负责整理的邓稼先经过拼凑分析，得到一些不知是否有用的材料。当然，在日后的研究中很快被证明，这些材料只是些完全没用的东西。可以说，在原子弹的研发问题上，苏联毁约停援，使中国核工业建设损失巨大。而最大的损失就是浪费了宝贵的时间和大量的精力。邓稼先以及九院同志们拜师学艺的努力瞬间化为了泡影。

　　二机部副部长刘杰见到邓稼先，表情凝重地说："今后，一切只能靠我们自己干了。"事实上，不是"今后"，邓稼先及其领导的理论部早已经丢掉了对苏联援助的幻想，开始了自力更生，艰难跋涉。

附：

九院、九局、九所（节选）①

——我国核武器研制生产历史

作者：宋学良（口述） 杨金凤（整理）

九院、九局、九所，各有两个？

历史都是分段的。特殊的历史时期，产生了两个九局、两个九所以及两个九院。如果不把各个阶段的九局、九所和九院捋清楚，对于了解我国核武器研制生产这段历史，就会发生混乱。

第一个九局和九所

1955 年 1 月，毛主席主持召开中央书记处扩大会议，决定创建原子能工业。1956 年 11 月，全国人大通过决议，设立三机部，主管核工业建设和发展。1957 年 10 月，中苏签订协定，苏联答应帮助中国设计建设生产、装配原子弹的工厂（342 工程）和研究原子弹结构的设计院（221 工程）。

1958 年 1 月，三机部党组决定设立第九局，主管核武器研制、生产和基本建设，李觉任局长，吴际霖、郭英会任副局长。同年 2 月，三机部改为二机部，九局也改为二机部九局。

九局成立之初的主要任务，就是进行 342 工程和 221 工程的选址，同时寻找一个让专家和技术干部工作以及接收苏联技术资料和模型的场所。

---

① 注：文题为本书作者自拟。因本书中多次涉及不同历史阶段的我国核武器研究单位的名称，为不产生混淆或造成前后不一致的误解，特引用此文以说明。本文出处：http://www.360doc.cn/mip/931027141.html；作者宋学良，1964 年 6 月从保定空军第二航空预备学校转业到二机部九院，并分配至秘书科工作。

1958 年 7 月，221 工程（也称二二一基地）和 342 工程（1961 年初撤销）定点在青海省海晏县的金银滩草原（对外称青海国营综合机械厂）。同年，邓小平批准了二机部提出的这个选址方案。接收资料和样品的场所定在北京北郊的花园路。

鉴于二二一基地建设工程浩大，短期建成投产不太现实，1958 年 7 月，二机部批准九局先在北京海淀区花园路开工建设一个过渡性机构（也就是北京第九研究所），待二二一基地建成后，再由北京搬迁到青海。

此时的九局和九所，实际上就是一套人马两个牌子，李觉既是九局的局长，也是九所的所长。1958 年 10 月，北京第九研究所公章正式启用，标志着中国核武器研制机构在首都的正式诞生。朱光亚、程开甲、彭桓武、王淦昌、郭永怀、邓稼先、周光召等科学家和一大批优秀科技人才陆续调入九所从事核武器研制工作。

北京的九所，原本只是一个暂设机构，主要任务是调集、培训专业技术人员，准备接收苏联提供的原子弹教学模型和相关图纸资料。但 1959 年 6 月苏联突然撕毁协定，不再援助中国，党中央决定"自己动手、从头摸起、准备用八年时间搞出原子弹"之后，二机部积极执行党中央的部署，上上下下憋着一股劲，一定要早日造出"争气弹"。在加速二二一基地建设的同时，把开展科研工作的重点放在九所进行。

1959 年到 1962 年，九所充实了必要的工作条件，建立了爆轰试验场（17 号工地），科研实验取得重大进展，同时也调整和改进了科研机构的组织形式。

第一个九院和第二个九所

1963 年，二二一基地具备了科研、生产、生活的基本条件之后，九局

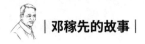

决定九所的研究工作和人员有计划、分阶段地向二二一基地转移。

1964年2月，九局机构全面调整，撤销二机部九局、北京九所和青海二二一基地建制，同时成立二机部第九研究设计院，院机关、理论部和对外协作部门仍设在原北京九所旧址，二二一基地称第九研究设计院221分院，三线新建的基地称为九院312分院。

之前的九局和九所，由此完成了它的历史使命，九院成立，我国的核武器研制和生产进入了新的阶段。

1964年我到九院工作的时候，院里一共有三个公章。一个是二机部第九研究设计院的章，是一个黄铜底座加红色木柄的公章，是最常用到的；另有个国防科委九所的黄铜章，还有一个类似于橡胶质的北京第九研究所的章，后面这两个用得比较少。

1968年，九院划归国防科委，改称中国人民解放军第九研究院。这期间，九院理论部改称九院九所（第二个九所）。

1969年，在国家的部署下，九院机关部分在京人员、九所（理论部）的工作人员及他们的家属等一起乘专列搬到四川基地。1970年前后，二二一基地的大批科研人员、工人及家属也逐步向四川基地转移。

由于四川基地不具备科研条件，九所的工作人员不得不从1970年1月开始，陆续返回北京海淀区花园路工作，从此开始了长达近20年的出差生涯。直到1988年3月，明确九所是九院设在北京的一个研究所，九所人员才结束了出差生涯。

第二个九局和第二个九院

1973年，国务院决定中国人民解放军第九研究院重回二机部建制。九院带着"文革"时期遭受的满身创伤又回到了二机部，并实行院厂分家，四川基地部分称为二机部第九研究院，青海的二二一基地和九〇三基地分别叫国营二二一厂和国营九〇三厂。

1973 年 12 月，二机部决定成立九局，归口管理第九研究院、二二一厂和九〇三厂。

1982 年，二机部改为核工业部，二机部九局亦改为核工业部军工局，二机部九院改为核工业部九院，二二一厂、九〇三厂名称未变，归属核工业部军工局管理。

1987 年 6 月，国务院办公厅、中央军委办公厅批准撤销核工业部二二一厂的请示报告，二二一厂进入撤厂时间，具体工作由核工业部负责。

1988 年 3 月，核工业部改名中国核工业总公司，核工业部军工局亦改为中国核工业总公司军用局。这时二二一厂已撤销，九〇三厂已并入九院，唯一剩下的九院亦改名为中国核工业总公司第九研究院。

1990 年，九院脱离中国核工业总公司，成立中国工程物理研究院。

1996 年，经中央编制委员会办公室批复，在中国核工业总公司军用局的基础上，成立核工业二二一离退休人员管理局。

厘清两个九局、九院与九所

两个九局，全称都叫二机部九局，名字一样。但前九局成立于 1958 年，后九局成立于 1974 年；前九局局长李觉，后九局局长赵敬璞；前九局办公地点在花园路，后九局办公地点在三里河二机部大楼；前九局是管理局，北京和青海两个核武器科研生产基地的人财物什么都管；后九局是职能局或称业务局，没有人财物权，只主管九院、二二一厂、九〇三厂的科研试验生产工作。

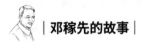

两个九院，前九院是 1964 年成立的，叫二机部第九研究设计院，后九院是指院厂分家以后在四川基地的部分，全称是二机部第九研究院，简称都叫九院。前九院包含了北京、青海、四川三部分；后九院是前九院的一部分，包含四川基地，北京的九所，并入的九〇三厂等部分，不包含青海二二一基地（国营二二一厂）。

两个九所，1958 年的九局也叫九所。1974 年院、厂分家后，在四川基地的九院分设了 11 个所，根据科研方向来区分，理论部搬至四川以后，在九院的内部排序叫九所。1988 年迁回北京后，也叫过北京第九研究所。但后九所跟 1958 年的九所又不是一个概念，后九所就是当年的理论部，前九所跟九局平行，它就是九局，九局就是九所。

2
困难重重

丢掉幻想，自力更生，是邓稼先及其领导的理论部在接触苏联专家不久就看清的现实。做出这个结论不需要出于什么政治远见，是他们认识到，无论苏联专家教与不教，最终本事还得是自己的。

研制原子弹的第一步就是理论设计。这个重任完全压到了邓稼先和他领导的理论部肩上。对于当时理论部的地位和作用，有一个形象的比喻，叫作"龙头的三次方"。曾任二机部副部长和我国第一颗原子弹塔爆试验副总指挥的刘西尧同志在他的回忆文章中解释说："这个比喻，即核武器的

核爆前后的广岛俯瞰图

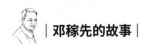

龙头在二机部，二机部的龙头在核武器研究院（即九院），研究院的龙头又在理论设计部（简称理论部），即邓稼先他们所在的单位。"自 1958 年 8 月调派二机部九院以来，邓稼先就担任理论设计部的主任。他，历史地成为中国原子弹理论设计的总负责人。

对邓稼先及其领导的理论部而言，究竟担子有多重，压力有多大？

首先就是时间压力。尽管美国在日本广岛和长崎投下的两枚核弹，是迄今为止核武器唯一用于实战的记录，但已经足以令全人类目睹了核武器的巨大破坏力。爱因斯坦曾预言："我不知道第三次世界大战人类会使用什么武器，但是第四次用的一定是石器。"言下之意，若再次爆发战争，人类目前所拥有的核武器足以摧毁我们赖以生存的家园，人类社会将倒退至原始社会。巨大的蘑菇云下不可名状的物理破坏和心理震撼所产生的结果还远不止于此。它令原子弹成了一颗重量级的砝码，在国际关系的天平上重新决定着国家的地位。对于中国这样一个当时还完全没有能力靠经济实力说话的国家，一旦拥有自己的原子弹，就足以摆脱军事大国的核威慑，为人民政权巩固和国家经济发展赢得宝贵的时空机遇。毁灭性的杀伤力同样决定着人类对待核武器的态度。对原子弹研制使用的限制直至禁止，只是个时间问题。鉴于此，对 20 世纪 50~60 年代的中国而言，能否在时代发展的夹缝中抢出时间、抓住机遇，完成原子弹的研制，事关国家命运，也是对民族智慧和勇气的极大挑战和考验。

单就原子弹理论设计本身而言，其面对的难题是常人难以想象的。虽然从量子力学的基本理论创立，到核裂变的发现，再到原子反应堆的试建，已经在理论上为原子弹的出世准备了条件，但是要真正制造出一颗原子弹，谈何容易！要把原子核裂变所提供的理论上的可能性，真正变成军事上可靠易行的原子武器，其间所须克服的理论、方法、材料，直到技术工艺上的种种难题，无疑是对人类才智的极大挑战。若不是纳粹德国对核武器的加紧研制严重威胁着整个人类文明，若没有残酷的战争，原子弹也不会如此迅速地诞生。

邓稼先心里十分明白，从实验室到战场，在理论设计上还有千山万水需要跨越——核分裂反应出现的概率、起爆时间的把握、起爆剂的选择、爆炸方式的确定，等等，无一不是摆在面前的关键性难题。

关于核分裂反应出现的概率，又称横截面问题。英国著名理论物理学家派尔斯（Rudolf E. Peierls，1907—1995）曾有一段通俗易懂的比喻：好比对准一个面积为一平方英尺的玻璃窗扔球，可能在 10 次中有 1 次将玻璃打破，而有 9 次球被反弹了回来。如果玻璃窗就是核材料铀 235 或钚239，而球就是从外面扔过去的中子，那么打进原子核内并使它分裂的概率就是 1/10，10 次中 1 次成功，9 次被原子核反弹向了别处。这便是理论设计的难题之一——核反应的成功率问题。

起爆时间的把握至关重要，早了晚了都会极大地降低原子弹爆炸的效率。为了追求高效，除了弹芯和外围反射层外，需要加装一个起爆器，也就是一个镭加铍的中子源，或者一个钋加铍的中子源。起爆时间要求控制得极为精确。如何才能让嵌在原子弹最里面的中子源变得十分"听话"，也是个不可避免的难题。

起爆剂是原子弹中很小的一个部件，它是可以启动原子弹内部链式反应的关键。而这关键的一两个中子，用什么材料，又如何设计，在数十年

后（1986 年）解密的美国资料里没有透露。直至现在，关于起爆剂的具体技术，在各国仍属于军事机密。

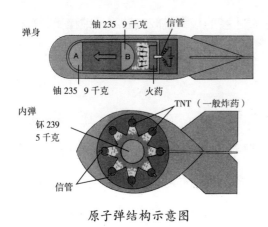
原子弹结构示意图

还有一个大难题就是原子弹的爆炸方式问题。枪法还是内爆法？所谓枪法，就是用无烟火药将铀 235 弹头射向铀 235 靶环，当二者结合，铀 235 的总重量超过临界质量，便立即引爆原子弹。而所谓内爆法，可以形象地理解为：在一个坚固的球体中，中心位置的核材料（铀 235）类似一个平均切成四份的苹果，并在它们周围安放好炸药。炸药点燃后，爆炸力并非向外炸开球体，而是使四块分开的铀 235 向球心集中，合成一个完整的"苹果"，使其密度大大增加，达到超临界状态，引起原子弹爆炸。

毋庸置疑，美国人首创原子弹当然是最为困难的。因为任何开拓性的工作都是在前途未知成败的情况下的摸索和尝试，而后继者有了前人的足迹可循，理论上要容易得多。但是，核武器研制是例外，它属于国家军事绝密，绝无可能像其他尖端武器一样，在缴获之后进行拆卸研究。中国原子弹的研制遇到的困难与首创者别无二致。要解决诸多理论设计上的问题，没有借鉴，没有外援，一切都得靠中国人自己解决。这样的难度一般人可能无法想象，但内行人一定十分清楚其中的艰辛。

除此之外，横亘在邓稼先和理论部面前的还有更多现实的问题，最突出的就是中国现有的工业水平和巨大的人才缺口。为了能更直观地理解这个差距，我们不妨用美国原子弹理论设计的历史来做一番对比参照。

美国的原子弹理论设计工作开始于 1942 年夏天。在美籍犹太裔物理学家、"曼哈顿计划"的领导者尤利乌斯·罗伯特·奥本海默（Julius Robert Oppenheimer，1904—1967）的召集下，一小批著名理论物理学家就原子弹的理论设计问题开展了专题探讨，这便是历史上著名的"夏季讨论会"。

可以说，美国为第一颗原子弹的研制准备了超级强大的科学家阵容，在科学史上都是空前的。据不完全统计，在他们中间，先后获得诺贝尔奖的至少在 14 人以上。他们在科学的天空里，璀璨若星辰。比如，20 世纪大物理学家费米（Fermi，1901—1954），于 1926 年率先提出费米—狄拉克统计，1934 年又认证了由中子轰击所产生的新的放射性元素，并发现由慢中子引起的反应，因而获得 1938 年的诺贝尔奖。1942 年，费米领导自己的科研小组在芝加哥大学建立了人类第一台可控核反应堆（即"芝加哥一号堆"，Chicago Pile-1），为第一颗原子弹的成功研制奠定了重要基础。再比如，英国物理学家、剑桥派传人詹姆斯·查德威克（Chadwick，1891—1974），1920 年直接测出了原子核的电荷，1932 年又发现了中子，这是人类对物质结构认识的一次大的跃进，因此他获得了 1935 年的诺贝尔奖。还比如，美籍德国物理学家汉斯·贝蒂（Bethe，1906—2005），其三篇物理学长文被誉为"贝蒂圣经"，他于 1938 年提出太阳氢核聚变的"碳循环"解释，对太阳产生热核能源作出了正确说明，并因此获得 1967 年诺贝尔奖。如此等等，不一而足。

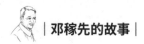

特别值得一提的是，自20世纪30年代开始，有多名犹太裔及与其存在直系亲属关系的世界一流科学家前往美国工作。其中包括德国人爱因斯坦、丹麦人玻尔、意大利人费米、匈牙利人泰勒等。他们先后不同程度地参与了美国的原子弹研制工作，其中多数人是"曼哈顿计划"的主要研究人员。"二战"中，纳粹德国疯狂屠杀犹太人，致使许多科学家被迫辗转至美国。其中，最典型和传奇的当属丹麦科学家尼尔斯·玻尔（Niels Bohr，1885—1962）。

尼尔斯·玻尔和爱因斯坦曾展开关于量子力学的著名论战

1940年，德国占领丹麦，但玻尔婉拒了各国的邀请，坚守自己在哥本哈根理论物理研究所的岗位。他拒绝与侵略者合作，也不与支持侵略者的人往来。直至1943年，希特勒政府下令逮捕玻尔。在瑞典驻丹麦大使的暗示之下，玻尔夫妇决定逃亡。9月29日夜，他们搭乘一艘渔船渡海逃往瑞典。10月6日，英国人用一架运送邮件的"蚊式"轰炸机把玻尔一个人从瑞典接走。他不得不勉强躲在由弹仓改装、只够容纳一个人的狭小空间里，途中几乎因缺氧而丧生。被秘密送往英国后，他实地察看了英国制造铀235的小型气体扩散工厂。但是，因为当时原子弹研制的重心早已转移到美国，最终玻尔还是决定前往美国。

美国原子弹工程的领导者尤利乌斯·罗伯特·奥本海默（Julius Robert Oppenheimer，1904—1967），是著名美籍犹太裔物理学家。1942 年 8 月，38 岁的他被任命为"曼哈顿计划"的首席科学家，主持了"夏季讨论会"，并在新墨西哥州沙漠建立了洛斯阿拉莫斯国家实验室（Los Alamos Laboratory）。1943 年，先后有 4000 名科学家进驻该实验室。第二次世界大战唤醒了美国强大的军事工业，雄

被誉为"人类原子弹之父"的
尤利乌斯·罗伯特·奥本海默

厚的经济实力为原子弹研制工作提供了有力的保障。据粗略统计，整个"曼哈顿计划"投入的经费高达 20 亿美元，参与工作的人数约 13 万。

相比之下，20 世纪 50 年代末的中国工业水平十分低下，仅能生产大卡车。在 1958 年九所建立之初，34 岁的邓稼先领导的是 28 名刚刚跨出学校大门的年轻大学生，平均年龄还不到 23 岁。理论设计部成立之后，才陆续调入了王淦昌、彭桓武、郭永怀等高水平的资深科学家。显而易见，无论是硬件还是软件，工业水平还是人才数量，与当年美国的"曼哈顿计划"都无法相提并论。但是，社会主义的中国特有的优势同样是其他国家望尘莫及的，那就是中国人民的凝聚力和积极性。在整个原子弹研制过程中，除了核武器研究院这个主战场外，我国先后有 26 个部院和 20 个省、自治区、直辖市，包括 900 多家工厂、科研机构和大专院校，参加到这场

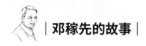

攻坚大会战中来。在尖端技术研究、专用设备和新型材料的研制方面，中国科学界有 20 多个研究所和若干部门参与解决近千项研制中的相关课题。在那样一个物资匮乏的年代，中国人民即使吃糠咽菜，也依然有能力创造奇迹。

重责强压，对个体的影响之大，甚至可能掩蔽和改变一个人的天性。妻子慢慢发现，千钧重担在肩的邓稼先，连性格都发生了很大的变化。以往的他有着孩子般真诚活泼的个性，即使身处战乱、留学异国，也丝毫没有改变过。在留美的同学中，他因为个性纯真，总是毫无掩饰地流露真情，还得了一个"大小孩"的绰号。但是，从 1958 年夏天到 1959 年夏天的短短一年，邓稼先就像换了个人。最明显的改变就是他与亲人朋友相处时，变得寡言少语。一个开朗的人突然变得沉默，不仅使家庭中、亲友间原有的欢乐气氛不复存在，还令熟悉他的人感到奇怪，时间长了，甚至心生嫌隙，造成误解。

其实，只有邓稼先心中明白，自己在做什么，又是何等艰难。与其说是外在的工作压力改变了他，倒不如说，是他依靠内心强大的意志和强烈的责任感，强行压制了自己的天性。相较之下，工作中的他倒显得更加自在一些。一走出三号院，他就要时刻绷紧一根弦。原子弹研制工作的保密范围是没有明确界限的，除了做什么、在哪里、和谁在一起等业务范围内的情况需要保密，很多看似不相干的事情，也需要加倍小心。间谍们是无孔不入的，他们完全可以从一些毫不起眼的细节中推测出许多重要的情报。20 世纪 60 年代，日本情报人员就是从《中国画报》上的几幅宣传照和报纸上几篇报道中，准确推断出了我国大庆油田的所在位置、石油产量、所需设备型号等重要信息。因此，为了保险起见，邓稼先索性不去纠结哪些话该不该说、能不能说，拿不准的一律先行回避。于是，他将与人交谈的话题缩小到了尽可能保险的限度。依他的个性而言，阻断了与他人的正常交流，无疑是一种严厉的约束，甚至是精神折磨。但是，他十分明白自己工作的价值和担负的责任，时时刻刻用纪律将自己的个性管束起来，即便因此要忍受疏离、遭受误解，听凭自己的性格变得孤独沉闷，也心甘情愿。他的保密工作做到了什么程度？若干年后，当中国第一颗原子弹在罗布泊的上空发出震撼世界的巨响，喜讯传来，邓稼先的岳父许德珩向好友严济慈打听："你是物理学家，总该知道吧，哪些人为我们国家研制原子弹？"严济慈明白保密的缘由，一时竟笑出了眼泪，说："这事最好问你女婿去……""我的女婿？邓稼先？"许德珩老先生竟仍然如坠五里云雾之中。

在妻子许鹿希的眼里，邓稼先整个人的状态都变了。他的大脑像被安装了双系统，主系统管工作，只会暂时转入后台运行，但永远不会关机休息；副系统管生活，但随时会跳转切换到工作模式中去。妻子时常发现，走进家门的稼先，有时候眼神看上去空落落的，像与自己不在一个时空里，也许他的灵魂还留在原子核的世界里。入夜，邓稼先躺在床上，无论是睁着眼睛，还是把眼睛闭上，大脑都在飞速运转，在原子弹理论设计的茫茫黑夜里永不停歇地摸索。妻子知道，只有等他鼾声响起，才算真正进入了梦乡。在家中，夫妻俩偶尔聊到开心有趣的事情，邓稼先会难得恢复以往的爽朗，开怀大笑不止，可有好几次，他的笑声戛然而止，不用问，这时候一定是突然想到了工作中的问题，主系统又瞬间从潜意识跳回到意识层面来。以往，工作紧张的时候，酷爱音乐的邓稼先总喜欢听贝多芬的《田园交响曲》，从中领略暴风雨过后幽静碧绿的自然之美；可如今，稼先

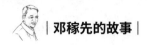

会独自坐在阳台上，闭上眼睛，静静聆听贝多芬的《命运交响曲》。他的内心跟随音乐旋律的跌宕起伏，体验人生之光明被命运的恶魔压制，人类奋起搏斗，终于扼住命运的咽喉。妻子能体会到丈夫内心的焦灼，工作责任重大，苏联撤走专家，主攻方向未定，院里奇缺专家，孤独中的邓稼先需要巨大的勇气和力量。就这样，他静静地坐在那里，直至日落西山，夜幕降临……

3

艰难起步

邓稼先常说:"科学攻关和打仗相似,选准主攻方向是头等大事。"经过长时间的思考论证,他终于选定了中子物理、流体力学和高温高压下的物理性质三个方面作为原子弹理论设计的三大主攻方向。这些研究方向的确定对于我国原子弹理论设计具有里程碑式的重要意义。

接下来,邓稼先将理论部的年轻人按照确定的主攻方向编成了三个组。但是,分组攻关的前提是补差入门——要为这些年轻人补课。

原来,尽管自 1958 年开始,九所先后从全国各名牌大学选调来近百名优秀毕业生,但他们之中专业对口的却不多。毕业生们的专业五花八门,物理、数学、冶金、建筑,甚至外语。而形成如此状况,实属无奈。这主要是因为新中国高等院校开设相关专业的历史最早也只能追溯到 1955 年。1955 年 7 月,由周恩来总理亲自批准,北京大学设立了我国第一个专门培养核科学技术人才的物理研究室。它具有特殊的领导体制——党组织由北大党委领导,人事、财务由二机部主管,业务上又隶属中科院近代物理所,可以参加所内的学术交流、期刊查阅、图书借阅等。直至 1958 年秋,物理研究室全部工作归属北京大学,正式对外改称原子能系。专业建立初期,学生从全国各大名校物理系三年级的学生中选调。第一批学生来自北京大学、吉林大学、南开大学、复旦大学、南京大学、武汉大学、中山大学等著名高校,共 97 名,于 1955 年 9 月开学,1956 年 9 月毕业。

人才梯队的形成需要一个过程，但理论部不能等，原子弹研制工作更不能等。于是，邓稼先在人才培养问题上绞尽脑汁，因为这件事必须快速、有效。

对于原子弹的研制，邓稼先和大家一样，都是"大姑娘上轿——头一回"。邓稼先只能带着年轻人一起摸索。

一切从零开始。

邓稼先亲自上阵，给年轻人讲课。在美国普渡学习的核物理知识如今派上了大用场，成了主要的讲课内容。因为当时学得认真、扎实，如今讲起来完全不费力气。邓稼先考虑到很多年轻人并没有专业知识背景，因此他想方设法，尽量把课讲得通俗易懂、清晰透彻。有经验的教师都明白，作为入门课，帮助理解和引发兴趣是很重要的教学目的，即所谓"知之者不如好之者；好之者不如乐之者"。如果一开始听懂了，感兴趣了，便极有可能一头扎了进来，钻研下去，并且乐此不疲。邓稼先深谙此道。许多学生感叹："老邓讲课层层递进，听起来像淙淙泉水流淌，心里明亮极了。"

大量阅读专业书必不可少。邓稼先手把手地教，带着年轻人读书，去图书馆查阅有限的资料，和大家一样，用两个火烧、一杯开水解决一顿午饭。为了快速提升专业水平，他常把大家组织起来，采用集体读的方法。柯朗的《超音速和冲击波》、戴维的《中子输运理论》、泽尔托维奇的《爆震原理》、格拉斯顿的《原子核反应堆理论纲要》，等等。其中，很多书是当年留学海外的科学家们带回国内的，十分珍贵。比如柯朗的《超音速和冲击波》原本是英文，而他们能找到的，只有钱三强部长带回来的俄文版，而且找遍北京的各大图书馆，也没找到第二本。不能做到人手一本，就想办法在蜡纸上手刻，然后一张张地油印。在肯下功夫的人心里，办法总比困难多。怎么读？为了提高阅读效率，邓稼先决定让大家采取个人阅读、重点发言、集体讨论相结合的方式。据说，这种方式十分类似大物理学家尼尔斯·玻尔的教研风格。他的工作习惯就是边想边讲，与同事、助手和学生一起，进行没完没了的讨论，其对话风格酷似苏格拉底的"产婆术"问答法。在这种方式和氛围之下，大家的脑筋高速运转着不敢有丝毫怠慢，时刻准备着接收、处理、理解和反馈新知识，年轻人在讨论中成长迅速，甚至激发出新的探索方向。

作为总设计者，邓稼先全面掌握着三个组的攻关工作，经常要分身参加和指导各组的讨论，解决问题。

中子运输组缺少可供研究的资料，邓稼先与大家一起绞尽脑汁想办法。没有关于战争、关于核武器的资料可供学习参考，那能否借鉴和平利用原子能的相关资料？大家在北京图书馆翻阅到一些关于日内瓦和平利用原子能反应堆的普通外文资料。可问题又来了。所谓和平利用原子能就是指诸如核电站之类的反应堆，这种普通反应堆虽然也是中子链式反应，但属于受控核反应，不会产生核爆炸。这样的资料对研究原子弹并没有直接的用处。但是，中子运输组的年轻人们灵机一动，展开了逆向、求异思维——如果正常的核反应堆材料对我们没有什么借鉴价值，那么有关核反应堆事故的资料会不会是我们想要的呢？发生事故，就是中子链式反应没有受到有效控制，雪崩式地大量涌出，数量超过临界，引发了爆炸。虽然这样的爆炸效能很低，完全不能与原子弹爆炸相提并论，但是不能相比的只是威力，并不是爆炸的原理，完全可以从中寻找和推导出中子输运的规律来！邓稼先和他领导的年轻人们几乎有种绝处逢生的喜悦！

高温高压下物质性质组由邓稼先亲自领导，几乎天天工作到深夜。只

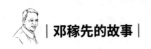

要工作没有到达预定的节点，全组就不会解散休息。四五个年轻人有时一边拉着计算尺，一边困得连眼睛都睁不开了。有一次，邓稼先站在黑板前，给大家讲解，讲完后照例询问大家还有什么问题。就在这等待大家反馈的短短一分钟里，他竟站着睡着了！年轻人看着他的样子，心疼得不敢高声说话。可邓稼先很快从困顿中清醒过来，又精神百倍地与大家讨论起来。虽然只用一分钟打了个盹儿，可对他来说，这一分钟的"充电"质量要高过平时的一小时。就这样，每天工作告一段落，都已经是后半夜了。邓稼先要回到北医宿舍，得骑着车走两站地的距离，看大门的老大爷早就关上大门休息了。年轻人们不放心老邓一个人精神恍惚地走夜路，于是大家就帮着他抄近路——翻铁丝网，人先翻过去，再把自行车也送过去。

　　身体是倦怠的，精神却是亢奋的。在使命光荣的信念支撑下，所有人的心，被久攻不下的心焦和柳暗花明的狂喜反复"折磨"着，疲倦和枯燥反而成了一阵而过、可以忽略不计的小问题。漫漫长夜成了大家的黄金工作时间。往往白天百思不得其解的问题，一到晚上就神奇得推导出了结果。第二天一早，邓稼先一进办公室，大家拿着结果向他冲过来，熬红的眼睛里闪烁着兴奋的光芒。邓稼先则有另一种"特异功能"，即使躺在床上，闭着眼睛，不用纸笔，也能凭着清晰的记忆，在脑海中不停歇地继续着公式的推导。可奇怪的是，这样看似干巴巴的空想，效率却奇高，往往是一个白天也没能攻克的难点，到了夜深人静之时，便豁然开朗。时间久了，妻子就摸出了规律，只有听见鼾声响起，才是丈夫彻底完成一天工作的时候。安心沉睡，往往说明他有了收获。果然，第二天，邓稼先显得精神百倍。每逢这样的早晨，他总要早早出门，在街边买一块烤白薯或几个艾窝窝，作为给自己的奖励，这是他喜欢的别致的生活乐趣。当然，这样的愉快并不常有，理论设计工作步履维艰。忍受反复的失败煎熬，才是家常便饭。对邓稼先和九院的同志们来说，他们的征程荆棘密布，倒春寒频频来袭，但是他们坚信，毕竟已经是春天。

万事开头难，新中国的核事业在邓稼先及理论设计部的同志们夜以继日的奋斗中艰难起步了。

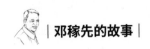

4
粗估与精算

从 1960 年开始，邓稼先率领理论设计部三组人员展开了艰苦的突击攻坚。公式推演、海量计算成为他们几年如一日的工作日常。当然，邓稼先领导的理论设计工作并非盲目地下苦功，他有着独特的科学思维和工作方法——粗估与精算齐头并进、相辅相成。

粗估是邓稼先从事物理研究的一个重要方法。顾名思义，粗估者并不需要计算出具体的精确的数字，而是善于把研究中所涉及的各种条件综合起来，从理论上定性分析，粗略地估计出一个数量的幅度，而这个幅度就是如来佛的手掌，无论孙悟空如何腾云驾雾，也跑不出掌心的范围。所以，一切的工作进程、结论都必在其间。这种方法要求研究者有十分清晰的物理概念，不具备很高的学术水平就难以胜任，这是很多大科学家偏爱的思想方法。物理学家埃米里奥·赛格雷（E.Segre）就曾这样描述："玻尔喜欢模糊的轮廓，不是无缘无故的。我几乎可以说，他喜欢丹麦的雾。"邓稼先在工作中使用粗估的方法得心应手。常常一轮运算结束以后，他只要一听计算结果，就能马上给出反馈："这个结果错了，下一班要接着重算。"对于他这种笃定的"得意"，妻子忍不住好奇地问："你又没有亲自上机运算，怎么能轻易否定计算机计算的结果呢？"邓稼先一边笑，一边颇为顽皮地用铅笔一端的橡皮头轻轻敲着妻子的鼻子，说："你懂什么？我在这张纸上粗估了一个范围，他们用机器算的不能超出这个框框。"

　　当然，原子弹研制是来不得半点儿马虎的科学，最终的数据计算结果必须精确。对当时的九所来说，精确计算是一项极为枯燥、艰巨，且要求极为严格的工作。邓稼先带领十几个年轻人日夜苦干。

　　理论设计部使用的计算设备极为简陋。当时，没有今天先进的超级计算机，常用的还是较为原始的计算工具——计算尺和手摇计算机，甚至是传统的算盘。计算尺是一种由三个互相锁定的有刻度的长条和一个游标（即滑动窗口）组成的、需要手工拉动的模拟计算器。而高级一点的手摇计算机，一般只能做四则运算，包括平方、立方、开平方、开立方，如果需要输入三角函数和对数，还需要另外查表；如果计算中有括号，操作就更为麻烦。它的形状像老式打字机，大小和一个十斤重的西瓜差不多，同样需要手动操作——乘法运算正着摇，除法运算倒着摇，结果还要用纸笔记录。计算不单单是脑力劳动，还成了一项体力活儿。最高级的一台计算机是当时中科院计算技术研究所（简称计算所）1959年研发的我国首台大型数字计算机——104机，运算的平均速度是每秒1万次。但是，这仅有的设备资源还得按计划使用。九院的同志只有在分配给他们的时间段才能到计算所去使用。

计算尺

研制原子弹时使用的飞鱼牌
手摇计算机

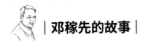

　　计算的工作量是惊人的。算盘和手摇计算机噼啪作响，十几个年轻的科研人员在邓稼先的带领下，三班倒不停歇地进行着紧张的计算。算完的纸带和计算机的穿孔带一捆捆、一扎扎地被塞进麻包，从地板堆到天花板，又堆满了整个技术档案室。

　　1960年春天，大饥荒像潮水一样袭来，理论部的灯光依然彻夜不息。这时候，他们遇到了一个难题，是关于原子弹外部炸药爆炸向内部压缩过程的第一次运算，历时二十多个日日夜夜的艰苦运算，却以"失败"告终——结果与之前苏联核弹专家们提供的数据指标差别很大。那些数据会有问题吗？那可是两三年前，三位苏联权威核专家在华讲课时提供的数据。当时的钱三强副部长等在场听课的同志被要求当场收缴并烧毁笔记，幸亏二机部部长宋任穷以自己的"上将军衔"作担保，保证一定会处理好这些笔记，同情中国的三位苏联专家才勉强同意不再销毁。这些笔记从此被锁进了二机部的保密柜里。邓稼先到九局报到后的第一件事，就是取出这些笔记，想办法让它们派上大用场。可是如今，我们自己的计算结果与这份重要资料的差异却无法解决。关键参数，差之毫厘，失之千里。在接下来的三个月里，大家接着三班倒，再设法加进各种参数，算了一遍又一遍。每算一遍，就有几万个网点，每个网点有7-8个参数，每个参数要解5-6个方程式，有时还需要进行替代，工作量是相当惊人的。可是，已经完成的三次理论计算都表明，炸药爆炸后在内爆过程中产生的压力总是小于苏联专家们提供的数据。

　　所有人忍受着枯燥、疲惫的煎熬，只能用理智一遍又一遍地提醒自己，坚持再坚持，细致再细致。宋任穷部长鼓励他们说："你们干得不错，没有被困难吓倒。"有一次，附近单位在操场上放映露天电影《阿诗玛》，年轻人们听说了便恳求邓稼先，能否放一个晚上的假，看场电影回来再干。邓稼先深知这些年轻人连日来的辛苦，最终同意了他们的请求。不过，他们被分成了五组，每两人一组，每组观影 20 分钟，一部完整的电影硬是被看成了连续剧。

为了解决问题，九所陆续从中科院、各大高校调集来一批物理学家、力学家和数学家，共同验证讨论。专家们从各自擅长的领域对结果进行审议，提出了不同的分析和质疑，而年轻人们则详尽阐述了计算结果的合理性和正确性。讨论很热烈，然而大家观点始终莫衷一是。由于没有足够的论据来否认苏联专家们提供的数据，邓稼先只能带着大家，又连续进行了六次计算。从春到夏，从秋到冬，前后进行的九次运算整整耗费了长达一年的时间。

1961 年，时年 32 岁的周光召从苏联回国。当时的他在苏联杜布纳联合原子核研究所从事基本粒子物理研究工作，已经在国际科学界享有较高的声誉。在得知苏联突然撤走所有在华专家的消息后，他与吕敏等人联名打报告给钱三强副部长，强烈要求回国。一回到祖国，周光召就立即被调至二机部。他带病投入工作，仔细检查了九次计算的结果。在确认计算本身并没有问题之后，果断地将论证重点转向验证苏联专家数据的可靠性。经过连续多日的悉心研究，他巧妙地以苏联专家提供的数据为基础，运用了"最大功原理"，推导出爆炸后不可能达到这样大的压力，从而反证了数据的错误。与此同时，数学家周毓麟利用中科院刚研制出的新型电子计算机进行计算，验证了理论部计算数据的正确性。最终，邓稼先等人的计算结果被证实是完全正确的！其实，在之后的研究过程中，有一个偶然的时刻，在打印纸带上真的出现了苏联专家给出的数据。邓稼先带领大家一

起分析这个结果，最终判定这组数据只是在冲击波振动过程中，出现的一个波峰值，并非常态，恰恰是应该被忽略掉的值。

这就是原子弹理论设计过程中著名的"九次运算"。它的结论不仅扫清了原子弹理论设计中的一个重大障碍，更极大地坚定了理论部的信心。著名数学家华罗庚高度评价说："这是集世界数学难题之大成的成果。"虽然耗时长达一年，但无论是钱三强副部长还是邓稼先，事后回想起来都认为，某种程度上说，应该感谢这份错误的资料，因为有了这九次运算，中国第一颗原子弹的理论设计才是真正扎实的。这份扎实正是以邓稼先为代表的原子弹理论设计者们实事求是、坚持真理、百折不挠的结果。

我国著名理论物理、粒子物理学家周光召

5

蓝图初现

从 1958 年到 1961 年，邓稼先忘我工作着。他顾不上身体，顾不上家庭，率领理论设计部全体人员拼命工作了近三年。

原子弹理论设计即将看见希望的曙光，党中央及时做出决策，为九院调入几位高水平的科学家和大量的科研专业人员。大批专业人才的加入无疑是为原子弹研制进程加装了强大的引擎。李觉将军风趣地对邓稼先说："我们现在调来一百零八条好汉，你准备一下，给大家做个报告。"

于是，一场堪称"重量级"的报告会如期举行，到会的除了著名的老一辈科学家，还有重要领导。兴奋之余，邓稼先也有些许紧张和忐忑，面对这么多高级领导、专家和即将加入的战友们，自己的基础性工作做得算不算扎实？理论设计部能否交上一份合格的答卷？当然，他心中也有底气，三年的勤奋，三年的付出，给予了他和理论设计部的同志们最大的回报——原子弹理论设计的基本框架终于初见轮廓。今天，他在报告中说出的每一个重要结论，都是经过千百次推导证明和精确计算获得的。这一点，他十分自信。与此同时，他们在中子物理、爆轰物理、流体力学和状态方程等方面也都有了比较深入的研究。

邓稼先从容地走上讲台，以极为谦逊的态度做了开场白："尊敬的领导、科学界老前辈、同志们，下面，我向大家汇报近三年来的学习心得。"在场的专家同志们仔细聆听着，对原子弹的认识越来越清晰，内心也随之

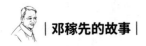

越来越激动，因为大家明白了，这场学习心得汇报的内容，实际上就是关于我国第一颗原子弹理论设计的框架和构想！邓稼先等原子弹研制工程的先行者们已经默默无闻地为这项伟大的工程打下了重要的基础。按照构想，我国的第一颗原子弹将使用铀235作为核材料，在爆炸方式上计划采用内爆式，这是与其他四个核大国完全不同的设计构想。仅从这个框架，内行人就能明白，这项工作没有外国人参与，完全是中国人自己摸索出来的结果，因为它与任何其他国家的首颗原子弹理论模型都不一样。

报告完毕，场上爆发出热烈的掌声。这掌声中饱含着兴奋、激动和骄傲。在场的一位物理学家激动地评论说："它（报告）具有极高的学术价值，可以说它已经描绘出原子弹的雏形，它在事实上宣布了我国核武器进入决战阶段。"

1962年9月，我国第一颗原子弹的理论设计方案终于诞生了。随即，在中共中央的直接领导下，成立了以周恩来总理为主任，由七位副总理和七位部长级干部组成的15人中央专门委员会，统一领导这项工作。

1963年，邓稼先在原子弹总体设计可靠性文件上签下了自己的名字，这标志着中国第一颗原子弹研制正式进入了决战阶段。

第五章

惊世巨响

1

转　型

　　原子弹的理论设计工作基本完成后，党中央迅速做出决策，中国核工业建设和核武器研制开启新的阶段。随之，邓稼先也将开赴一个新的战场。

　　1963 年开始，邓稼先和大批科研人员告别亲人，陆续秘密迁往远在青海省海晏县金银滩草原的 221 基地。

　　"在那遥远的地方，有位好姑娘……"西部歌王王洛宾创作的这首著名歌曲《在那遥远的地方》描绘的就是金银滩。自 20 世纪 50 年代末开始，青海金银滩这个地方便悄然从中国的版图上消失了，取而代之的，是一个神秘的代号"221 基地"。事实上，与电影中、歌曲里描绘的大不相同，真正的 221 基地是由间隔很远的几个区组成，地域广阔的一片荒芜之地，没有树，没有草，也没有鸟。三年自然灾害刚刚结束，国家经济还在恢复。几万人开赴荒芜的高原戈壁，吃住都是问题。科研工作者们入住了先期建设的简陋平房，而大批解放军官兵、工程技术人员只能住进临时搭建的帐篷里。3000 多米的海拔，风沙、雨雪，甚至冰雹，常常不期而至。米饭煮不熟，馒头像石块。没有像样的道路，坐在汽车里的科研人员们只能抱着实验器材，用身体来缓冲防震。因为他们怀里抱的，不是大白菜，而是威力无比的核装置。

　　除了恶劣的气候和生活环境，研制工作的新进展对邓稼先也是一个

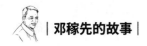

不小的挑战。俗话说，隔行如隔山。有了精细的菜谱，未必一定能烧出一道好菜。之前，邓稼先一直在理论物理学领域辛勤耕耘，如今，要将脑海中、文字上的理论设计变为实实在在的尖端武器，显然绝非易事。

对于我国核事业中理论与运用、科研与工程的关系，时任二机部部长的刘杰曾在他的回忆文章中分析道："核武器和核工业是当代科学研究的成就和工业技术发展结合的产物，它把科研、工程的生产活动，统一于一个过程。从基础理论研究开始，到科学实验、工程设计、加工制造，前者为后者在开辟道路，成为后者的依据和指导，而后者又不断反馈信息，给前者提出新的课题，相互衔接，相互渗透，相互促进，如同接力赛跑，一棒接过一棒向前跑……克服了人为分割和脱节，创造了一种科研、工程、生产一体化的新体制。"

而这种"一体化的新体制"，正是我国核武器研制的一大特色。这一特色决定了邓稼先作为我国核武器研制工作的领导者之一，必须拓宽自己的工作和研究领域，加速由理论到实践的转变。如果说整个原子弹研制工作需要"一棒接过一棒向前跑"，那么，邓稼先就是那个注定要跑完全程的人。

很快，随着原子弹研制工作的迅速推进，邓稼先的工作内容大大超出了理论设计的范畴，甚至具体到了生产工艺。他深知，研制工作来不得半点马虎，更不能外行领导内行，必须迫使自己迅速转变为一个工程技术，甚至加工制造的"行家里手"。于是，深入第一线的工厂，向老工人们请教技术问题，成了他一段时间内的重要工作内容。邓稼先的身影时常出现在嘈杂、燥热的车间里。他走到哪里，手里都习惯性地攥着本子和笔，一边抬高音量，向老师傅问这问那，一边将重要的内容认真地记录下来。要害部位关键零部件的加工质量是否合格，事关重大，令他时刻挂心。这些关键的零部件规格要求极为严格，因此对机床操作的要求也非常高，只有八级以上的师傅才有资格上机床操作。老师傅们经验丰富，技术娴熟，巨大笨重的车床、高速转动的车刀，被他们操控得如行云流水，反复启停之间就能完成高精度的加工。操作方面的经验往往是在书本上难以找到的，邓稼先认真地观摩，耐心地倾听老师傅们的讲解，很快便熟悉了加工制造中的门道。

要从理论设计的象牙塔中走出来，沉下身子，融入到工人、战士和普通科技人员们中间去，对不同性格的人，难度是不同的。而对于邓稼先，这样的转变似乎并不艰难。这显然还是得益于他天性中的"纯"——他本就是个随和纯朴、爱玩爱闹的人。日常生活中，人们从不觉得他有大科学家、大领导的架子和威严。同事们最喜欢去他办公室开会，一进门就忙着翻他的口袋和抽屉，要好烟抽，找三色糖和点心吃。因为熟悉他的人都知道，老邓是个热爱生活的人，可他平日里实在太忙太累了，现在能满足的就是这些完全不浪费时间的小爱好，不出意外的话，他那里一定有"存货"。对大家群起而来的"打劫"行为，邓稼先不仅不会气恼，反而甘之如饴。因为他是发自内心地乐于与大家共享这些难得的轻松快乐。同志们能够对他毫不见外，令他引以为傲，甚至从中获得极大的精神安慰。每次有机会回京，他总不忘嘱咐妻子多准备些好烟和糖果。基地偏僻荒凉，冬天更是苦寒难熬。工作得时间久了，邓稼先就常常提议："我们来跳马吧！"于是，大家兴趣盎然地积极响应。先是齐心协力挪开办公桌，空出场地，再由一人在场地中间位置，弯下腰，双手扶膝，背部放平，架起一座简易"鞍马"，其他人自觉排队连成一字长龙，轮流助跑起跳，双手按

住"马背"，身体腾空而起，双腿分开，成功越过马去。这样的游戏只需玩上几轮，大家便可以满血复活，精神百倍了。邓稼先玩得投入，笑得开怀，俨然是个童心未泯的大孩子，笑称这叫"互相跨越"。

邓稼先很少待在办公室里，他忙碌的身影不是在工厂，就是在试验场。成日摸爬滚打在一线，对那里的一切，他了如指掌。有一次，他奉命回北京开会，直忙到深夜才回到家中。满身疲惫的他，等不及与久违的妻子说上两句话，就累得倒在床上睡着了。可是，鼾声刚起不久，就被急促的电话铃声无情打断了。摆在书桌上那部红色电话机是连通基地的专用电话，这么晚了打过来，一定是出了什么问题。他条件反射似的立刻惊醒过来，披着衣服下床接起电话。果然，电话那头的声音里充满了焦灼。邓稼先首先嘱咐对方稳住情绪，不要急，慢慢说。在弄清楚大概情况后，他开始一边提问，判断症结，一边发出各种指令，指挥操作，从容得就像一位手术台上的资深外科大夫，而病人似乎就躺在他的眼前。是啊，邓稼先对那些设备和数据实在是太熟悉了，各种开关、按键、显示器，活生生地就在他脑海眼前。他有条不紊地向现场人员发出指令："打开某某开关""看看数字多少"，接着，他给出正确参数；"关闭某某按钮""看看数字多少"，再次给出正确参数。就这样，远在千里之外的工作人员在他的指挥下，进行了长达五六个小时不间断地调试、读取、排查，直到最终化险为夷——不仅现场无一人伤亡，而且挽回了98%的损失。等一切结束，天已经大亮了。

在原子弹研制工程的战场上，邓稼先有时是富有战略眼光的将军，有时是灵活机智的战斗指挥员，有时还得是素质过硬、能冲在一线的战斗员。为了能扮演好所有的角色，邓稼先得不遗余力，竭尽所能。

2

舍生忘死

　　说起原子弹的研制工作，人们能联想到的，除了高度机密，可能就是随时可能遇到的危险。从核材料的部件加工到核爆装置的安装，再到核试验场管理，可以说，危险无处不在——既有随时遭受核辐射、引发核爆炸的显性危险，也有长期艰苦的生活环境、巨大的工作压力对身心健康、生命安全的隐性威胁。原子弹研制的参研人员，对这些都心知肚明。他们除了精通技术，还得具备非凡的勇气，甚至是视死如归的精神。这么说，绝非夸张之辞。

　　加工原子弹的核心部件是最危险的工作之一。这种纯度极高、放射性极强的部件加工需要在特种车床上操作。要把毛坯切削成设计规定的形状，精度要求极高，既不能多切，也不能少切，还不能产生半点儿火星，整个过程容不得丝毫差错。为了让操作的工人安心，李觉将军和邓稼先不顾危险，亲临现场，一直站在工人的背后。有了大将军和科学家坐镇，工人的心里自然踏实了许多。他们深呼出一口气，集中起精神，开启了车床。一刀一丝，一丝一刀，每车一刀就停下测一次数值，全程小心翼翼，"精雕细刻"。整个过程往往会持续漫长的一天一夜。李觉老将军因为年事已高，曾经累得心脏病当场发作，被迫离开了车间。而邓稼先每次都始终坚持站在工人师傅的身后，工人轮班他也不动，一直到第二天早上，产品检验全部合格才敢休息。

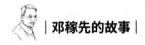

生死一线的危险情况远不止于此。原子弹爆炸试验前，有一个绕不开的环节就是安插引爆用的雷管。这无疑是所有操作中最为紧张和危险的。每当此时，全场总是鸦雀无声，人们紧张得屏住了呼吸，就好像粗重的呼吸也能引爆核弹一样。操作者们深知责任重大，一举一动都尽量轻柔小心。大家明白，这个时候不仅需要慎之又慎，更需要有随时准备献身的觉悟——若因失误引发事故，那将会是所有人瞬间化为气体的毁灭性后果。每逢这时候，邓稼先又会无言地站在操作者身后。他要稳住人心。

邓稼先常说一句话："在我们这里没有小问题，任何一件小事都是大事情。小问题如果解决不好，就会酿成大祸。"因此，无论哪里出现了问题，邓稼先总是不顾一切地想方设法第一时间到达现场。有一次，时间已过午夜，忙了一天的邓稼先刚刚睡下。电话铃响起，工厂核材料加工车间报告说，一个重要部件的加工出现了一些问题。邓稼先马上一边通知司机备车，一边穿好衣服，拎起公文包出了门。等钻进已经发动的吉普车，他才发现，情急之下自己竟然还穿着拖鞋。长期以来，他似乎已经形成了习惯，只要情况紧急，便可以瞬间屏蔽掉一切无关紧要的信息。当时大雨倾盆，吉普车在漆黑狭窄的山路上颠簸着。山坡上的泥沙、石块在暴雨的冲刷之下，松动了根基，时常直冲而下，危险异常。经验丰富的司机师傅也不免紧张起来——他们的车几乎是在盘山路上强行前进。可等到了河边，师傅不得不刹住了车。河水已经完全淹没了桥面，不能再向前开了，否则真有可能车毁人亡。车外大雨如注，心急如焚的邓稼先用力摇着司机的肩膀，大声喊道："不要停，来不及了。冲，往前冲！"司机回过头去，对邓稼先喊道："不能再开了，老邓，你可是大科学家呀！"邓稼先没有丝毫犹豫，严肃地望着司机师傅说："他们在等着我处理故障，干咱们这一行的，出了事故就不得了啊！"师傅当然明白眼下工作的重要性，更理解邓稼先的急迫心情。他重重地点了点头，说："好吧，老邓，你坐稳了！"说着，一踩油门，向着记忆中桥面的位置冲了过去。车子开上桥面，浑浊的河水立即通过车门缝隙灌进了车厢。经过了几个小时的颠簸，二人终于赶到了工厂车间。紧张了一路的司机师傅禁不住后怕，竟一下子累倒了，可邓稼先却二话没说，一头扎进车间，一干就是一天一夜，直到故障排除。

日复一日、通宵达旦的紧张工作，一点一点地侵蚀着邓稼先的精神和身体。起初，大家发现邓稼先常常愣神儿。党委书记提醒说："老邓，不行，以后不准你再骑自行车了，你的眼神是直的。"邓稼先一愣，这是他完全没有意识到的问题，也许只是想工作的事情太过集中投入吧。于是，他不以为然地笑道："那还不至于，不至于那么厉害，我骑车子的技术可蛮好呢！"可时隔不久，党委书记的话真的应验了，邓稼先连人带车掉进了路旁的水泥沟里。过了 50 岁，邓稼先明显感到精力、体力大不如前。年轻时，只要几个小时的熟睡就可以缓解连续熬上几个通宵的疲惫，可如今，依然魁梧的身体渐渐出现了衰老的迹象。

对于原子弹工程一线的研制人员，最可怕，也是最难以避免的伤害，就是来自核材料钚 239 和铀 235 的放射性核辐射。

放射性的辐射伤害既可能缘于某种天然物质的核素，也可能通过人工核反应产生。它看不见、摸不着，却是一柄典型的双刃剑。当人只受到天然本底放射性照射（如人们在户外受到的存在于土壤和空气中的天然放射性元素辐射照射）、医疗检查照射或安全检查照射等少量射线照射时，一般不会有不适症状发生，也不会对身体造成伤害。但是，射线强度和能量越大，受照时间越长，对人体的伤害就越大。自从 1896 年法国科学家贝克勒尔在研究铀矿的荧光现象时，发现铀盐矿发射出类似 X 射线的穿透性辐射以来，进行放射性物质研究的科学家们，在为科学事业做出巨大贡献的同时，也奉献了自己的健康乃至生命。居里夫妇曾经长期受到难以诊断的怪病的折磨。虽然皮埃尔·居里丧生于意外车祸，但是居里夫人最终是被过度辐射引发的再生障碍性贫血夺去了生命。她的女婿约里奥—居里事后发现，居里夫人生前使用过的实验簿等许多物品都受到强烈的放射性污染，其中一本菜谱的放射性将持续 50 年之久。

在相当长的一段时间内，邓稼先一直跟进核材料加工进度，经常出入工厂车间，频频接触放射性物质。开密封罐查看测试结果时，原有的防护措施抵挡不住新材料良好的放射性强度，使邓稼先及在场的所有人一下子受到了超出常量几百倍的辐射。大家都明白，从事核武器制造的人，受到核辐射的伤害几乎是难以避免的，用他们的行话，这叫"吃剂量"。细品之下，这个貌似云淡风轻的称谓之中，包含着的不仅是坦然幽默，更有些许悲壮。面对着无形却实际存在的危险，大家不得不用轻松的方式缓解些内心的担忧和焦虑，这分明是流淌在他们血液之中的一种革命乐观主义精神——明知超限度地"吃剂量"会带来怎样的伤害，也会担心害怕，但没有人躲避，也没有人因此停下手上的工作。一切都有序地进行着，像什么也不会发生。邓稼先更是无暇在意。

也许从接受任务的那一天起，邓稼先就做好了充分的思想准备。当初他对妻子说的话，绝非虚言："我的生命就献给未来的工作了。做好了这件事，我这一生就过得有意义，就是为它死了也值得。"

3
煎 熬

倒数计时—按动起爆—耀眼火光、轰然巨响、蘑菇云升腾—人们欢呼雀跃。普通人印象中的核试验紧张刺激，惊天动地，振奋人心。可就在这高光时刻到来之前，对于邓稼先及所有参研人员而言，却是黎明前的黑暗。

每次核试验之前，周恩来总理总要亲自听取专门汇报，检查工作准备情况。在巨大的压力之下，会场上的邓稼先说话都有些颤抖。细心的总理发现后，开玩笑说："稼先同志啊，我们都是上了年纪的人，有高血压，你这么一哆嗦，就把我们的血压给哆嗦上去了。你可要负责啊！"总理一句幽默玩笑让在场的同志都忍不住哈哈大笑起来，紧张的气氛一下子缓和下来。

原子弹起爆的时刻，行话称作"零时"。为了这个特殊时刻的成功，所有人必须全力以赴。经过复杂而危险的生产装配，制成之后的核弹试爆之前，还必须再次检查各个部件、各项参数，安插雷管。而在准备将核弹用飞机送到空爆点或是送入深井进行地下试验之前，有一个必经的手续就是请负责人签上自己的名字，确认该枚核弹一切正常，可以正式开始试验。可这绝非是签上一个名字那么简单，签下它，就等同于挑起了千钧重担，甚至从某种程度上可以说，新中国未来的命运就系于这爆炸成功或失败的一线之间。而在邓稼先的生命之中，却无数次担起了这常人难以承受

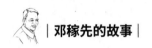

之重。

原子弹试爆，事关重大，不能出错。为了签下的这个名字，邓稼先无数遍地自问：这枚核弹，在原理方面没有一点漏洞了吗？几十万个数据，是否都计算准确？所有的零部件质量是否都合乎指标要求？这一批的核材料性能会不会有问题？会不会出现万一？有没有把握？虽然经过了千遍万遍严密的理论计算，但计算毕竟是计算。人的认识总是有局限的。在没有经过试验，也无法进行实验室试验的情况下，谁可以有百分之百的把握？

签字之后的他更加心神不宁，甚至出现阶段性的全身冰凉。此时他的心中，被一种无法表达且令人无措的焦虑不断地填塞着、压迫着。他常故作轻松地笑着说："签下这个字，就好比把脑袋别在裤腰上了。"正式试爆前，他常在帐篷里避而不出，有时候会突然想到一个尚无完全把握的数据，马上一遍遍复核；有时候又会呆呆地坐在那里愣神，连自己也不清楚到底在想些什么；有时候睡到半夜，他从床上一跃而起，原来是忽然想起了一个可能导致失败的因素，他立刻叫醒几个帐篷里的人，连夜商量研究对策。到了试爆当天，邓稼先总会努力整理好自己的心态和表情，大步来到指挥现场，用平静和自信的面容稳住所有人的心绪。

邓稼先心里十分明白，越是在关键的时候，自己越要放平心态，他要想方设法让自己紧张的心绪平复下来。

每次大战在即，他都会在一个叫作马兰的小镇待上几天。这时候，他最喜欢做的，就是外出散步。对这个小镇，也许所有参与核试验的人都怀有一种特殊的感情。因为它就是因核试验而生，名字则源于此地戈壁之上顽强生长的马兰草。马兰草早在李时珍的《本草纲目》上就有记载，通常它的叶子深绿狭长，花朵紫色嵌白。在干枯无垠的荒漠上，它们默默忍受风沙、干旱、核辐射，却依然能开出明艳动人的花朵。每当来到这里，邓稼先总会去看看它们。那一丛丛马兰花，紧致繁茂而又旁若无人地尽情绽放，格外引人注目。在邓稼先眼中，它们显露的是大自然爱美的天性和无限的生机，这种特殊的美会令他的内心恢复平静，萌生感动，汲取力量。

荒漠中顽强生长的马兰花

　　住在试验场的帐篷时，邓稼先还有一种常用的放松方法，那就是叫上李医生，一起到戈壁滩上抓呱呱鸡。呱呱鸡是当地的一种野鸡，又叫石鸡。它们常常成群结队，窜到靠近山坡的农田里觅食。它们看上去似乎有点儿懒，一般只"近地"行动——受惊后的第一反应是径直向山上狂奔，情急之下才会飞，但通常飞不多远又落回草丛之中。清晨和黄昏，雄鸡们常站在光裸的岩石上引颈高歌，由缓到急发出"呱呱"的叫声，因此便得了个"呱呱鸡"的绰号。每次去抓鸡，邓稼先就像回到童年一样，想办法和这些不愿飞的懒家伙斗智斗勇。经过一番较量，偶尔会有收获。可是，这样的快乐短暂得就像美梦一样容易惊醒。曾经有一次，正在放松身心的邓稼先突然接到一个惊人的消息：有人发现计算结果中存在问题，核试验要终止！邓稼先好不容易松弛下来的神经又一下子紧绷起来，他的心就像

戈壁滩上的呱呱鸡

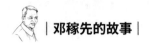

从万米高空急坠而下，浑身的肌肉顿时僵住了。他们立即坐上吉普车来到深井口。李医生发现邓稼先脚步明显忙乱，赶紧三步并作两步奔到井口扶梯边，一把扶住了他，嘱咐他小心脚下。邓稼先下到井中，完成了检查，随即躲进帐篷，闭门沉思了起来。

　　换了别人，也许此时考虑的只有兹事体大，谨慎为上。既然发现了问题，无论大小，为确保万无一失，肯定是停止试验最为保险，作为负责人，至少不会因为事故而背负重大责任。可是，邓稼先纠结的并不是这些。字已经签了，现在却要终止试验，这会带来多大的损失啊！核弹已经装好了雷管，要拆除或起吊，都是万分危险的事情。要检查和改动装置，必须花费九牛二虎之力卸掉那些已经拧死的螺丝钉。况且，现在并没有可靠确切的证据证明发现的问题是致命的。他是一个真正的科学家，个人名誉永远排在实事求是的后面。为了验证问题的性质，他井上井下连续忙碌了两天两夜。严重的焦虑折磨得他隔一小会儿就得跑一趟厕所，但是大脑仍在正常而高速运作。他运用能想到的各种方法，从多个角度对数据进行了反复的核查推算，究竟需不需要终止试验，一定得找到确切的证据。夜深了，筋疲力尽的邓稼先不得不躺在铺上休息一会儿。身体是倒下了，眼睛却还大睁着，望着天花板出神。突然间，他又翻身坐起来，拿过纸笔演算起来。他使用拿手的粗估方法得出了结论，即使已经发现的计算错误是事实，造成误差的幅度也不会对核试验的成功造成实质性的影响！反复验证之后，邓稼先果断做出决定，核试验照常进行！事实证明了邓稼先的判断：此次核试验完全成功！事后回想起来，在当时的情况之下，能顶住压力，作出继续试验的决定，需要他拥有多么大的智慧和勇气啊！

4
惊世巨响

1964 年 10 月 16 日下午，中国西北大地上寂静荒凉的罗布泊，一座百余米高的铁塔静静矗立，直指苍穹。凛冽的冷风裹着沙尘袭过，沉睡千余年的楼兰古国依然在沉睡。就在此刻，60 千米以外的白云岗观察所，成千上万的科研人员、解放军指战员翘首以待；同样在此刻，千里之外的首都北京，周恩来总理、聂荣臻元帅静候在电话机旁；还是在此刻，数百千米之遥的高空，美国 KH-4 锁眼侦察卫星也在无声地窥视着这块土地上即将发生的一切。所有人，都在等待，等待那一声惊世巨响！

高塔顶端托举着的一个球状物体，是人们目光和注意力的真正焦点。它就是我国第一颗原子弹，代号 596。这个数字的特殊含义在于，自 1959 年 6 月开始，苏联先是"暂缓"向中国提供核武器样品和技术资料，继而停止执行援助我国太阳能工业及国防工业的协议，撤走全部在华专家，终止原定一切设备材料的供应。于是，中国的原子弹研制项目被定名为"596"工程，第一颗原子弹代号为"596"。这个日子，是中国核武器事业扔掉拐杖、完全自主的开始。铭记它，就是牢记中国人艰苦奋斗、自力更生的志气和本色——中国的原子弹诞生在新中国成立初期的艰难困苦之中，它是一颗不靠外援的"争气弹"。

一切准备就绪。

为了准确测试这次核爆炸的威力，检验其杀伤力，没有选用可能投偏也不易跟踪的轰炸机投弹方式，而是采用了"塔爆"——将原子弹放置在塔顶引爆的方式。而在铁塔周围 60 千米范围内，布置了 3000 台测试仪器和近一百项效应测试物，包括飞机、坦克、舰艇、自行火炮、牵引火炮、临时搭建的大桥、舰艇上层建筑、各种车辆、建筑群等，还包括狗、白鼠、小鸟、牛、马、羊等各类生物。

下午 2 点 30 分，北京的专线电话中传来了周总理的声音："中央批准，试验定在 15 时，祝你们成功！"

下午 3 点就是起爆的零时。时间越临近，气氛越焦灼。人们既兴奋又紧张。只要看见邓稼先，无论是谁，总忍不住想问："老邓，有把握没有？"邓稼先只是笑，不回答，实在躲不过，就挤出一句话："反正能想到的问题全想到了。"他与王淦昌、彭桓武、郭永怀三位老一辈科学家，在试爆的前几天，由基地总指挥张爱萍将军派专机由北京接到试验场。六年前，他毅然接受原子弹研制任务；六年来，他为此鞠躬尽瘁。这枚即将引爆的核弹凝聚了邓稼先及所有参研人员六年来几乎全部的心血，其调动和激发出的智慧，连他们自己也禁不住叹为观止。他们一步一个脚印，走得扎扎实实，只要稍有疑问，必然反复计算论证，不厌其烦地经过无数次严格的冷试验、局部试验、缩小比例试验，才走到了今天。对于试爆的成功，应是把握十足的。可是即便如此，频频接受这样的发问，作为工程负责人的邓稼先，其内心的压力仍是巨大的。

指挥部领导与科学家们于我国第一颗原子弹试爆前在试验场合影
（前排右一为邓稼先）

零时迫近。倒数计时空前地震撼人心。十、九、八、七、六、五、四、三、二、一，起爆！伴随着一声惊天动地的轰鸣，铁塔顶端能量巨大的火球腾空而起，不断翻滚着直冲云霄，形成耸立在天地之间的蘑菇状的烟云。蘑菇云变换着颜色，就像有位隐形的巨神在施展魔法，令一颗转动的宝石发射出耀眼的光辉。人们期待的伟大时刻来到了。起爆前隐蔽在各处的人们几乎被这声巨响震撼得愣在原处，直到看见巨大的蘑菇云升腾而起，才回过神来。躲在掩体中的人本该透过瞭望孔观看，可六个瞭望孔根本满足不了那么多双期待的眼睛。兴奋的人们已经顾不得许多，雀跃欢呼着如潮水般涌出掩体。人群也似被引爆了一般沸腾开来。奔跑、跳跃、拥抱，滑下沙坡，甚至就势打几个滚，人们无以宣泄内心喷薄的喜悦。

此时的邓稼先什么话也说不出来。六年来所有的辛劳、煎熬、重压，似乎都在瞬间随着蘑菇云飞到了九霄云外，他的脑海中只留下的两个字：值得！所有的付出，得到了超值的回报。这样的喜悦、满足与激动，是什么样的理智都难以控制的，滚烫的热泪禁不住夺眶而出……

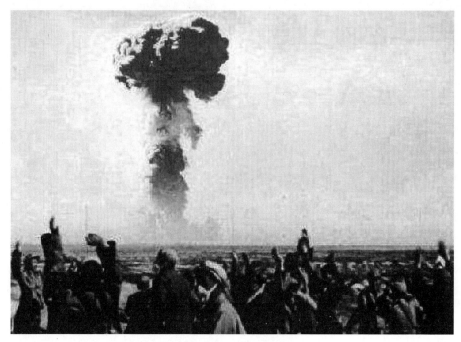

蘑菇云下欢腾的人群

1964 年 10 月 16 日下午 3 时，这是一个来之不易的时刻，一个震惊世界的时刻！

这个时刻来之不易，不仅是因其饱含着邓稼先及所有参研人员夜以继日、奋战六年的艰辛，还是因其孕育诞生的国际环境之险恶。尽管苏联人轻蔑而骄傲地认为"中国 20 年也搞不出原子弹"，而包括中情局在内的很多美国人也完全不相信中国人能自己搞成原子弹，但这丝毫没有影响美苏等大国对中国原子弹工程的高度警惕，甚至蓄意破坏——罗布泊上空时有侦察卫星掠过，监视着这里的一举一动；在核爆试验迫在眉睫之际，美苏之间频频接触，用心险恶地谋划一场联合行动，企图对中国原子弹制造基地进行"外科手术式"精准打击乃至彻底消灭。他们的目标直指位于兰州的核燃料扩散工厂。为此，中央紧急商议决策，一边加快生产铀燃料，一边在西南地区择地再建新厂。张爱萍将军曾回忆道："力争美未破坏前能拿到铀235，到那时即使炸毁了，我已得到足够的核燃料。同时，如敌先在我生产燃料前炸毁，我还有新建厂可再生产，只不过延缓我试验时间而已。"由此可见，当时的国际环境远比罗布泊的自然环境更加险恶，科研人员的处境已经危险到要做好随时牺牲的准备。

这个时刻震惊世界，因为这声巨响打破了一切质疑，彻底改变了中国的国际地位。原子弹爆炸后在高空形成了放射性云尘。此后的几天，它自西向东环球飘移，飘过日本，飘过阿留申群岛，飘过太平洋，飘过加拿大和美国西部……它满怀着自豪与骄傲，向全世界宣示着中国人民的智慧与力量。美国人难以相信自己的耳朵和眼睛，只可惜他们所有自我安慰式的判断被事实一一击碎。从"中国原子弹只是一个粗糙拙劣的装置"，到"从单个的一次核试验到有效的核武器系统，要经过一条漫长的道路"，再到"中国核试验放的是一枚钚239制成的原子弹"，直到最终信服"中国人爆炸的第一颗原子弹使用的是铀235，使用了先进的内爆型设计来爆炸裂变材料"，并不得不承认"中国的第一颗核弹比美国投在日本广岛的原子弹设计得更加完善，威力也更大一点""要谨慎地估计中国的力量，直至有更多了解"。

世界舆论被点燃了。香港《新晚报》的报道冠以醒目标题《石破天惊是此声》，感叹"这是几千年来中国人最值得自豪的一天之一"，高呼"1964年10月16日这几个字应该用金字记载在中国的历史上"。新加坡《阵线报》强调："中国核爆炸是改变世界的壮举。"法国总统蓬皮杜在法国国防机构的发言中说，中国第一颗原子弹的爆炸，改变了世界的形势和中

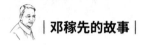

国的地位。

世界各地的华人更是扬眉吐气。香港的《新闻报》断言："中华民族不是次等民族，白种人第一的时代已经过去。"香港《晨报》以《中国人的光荣》为题，颇有意味地说："中国之月亮原来也是圆的。"中国之强大，令华人挺直了腰杆。

可以说，我国第一颗原子弹的爆炸成功，其影响之深之广，超越了国界，超越了人种，超越了民族，它成为一种无声的外交语言，令年轻的新中国，让全世界的中国人，重拾久违的民族自信。而这一次只是邓稼先今后十数次组织核试验的开端。

5
再接再厉

首次核爆成功，邓稼先却不能就此停下手上的工作。他甚至根本无暇考虑自己是否应当享受一下这巨大成就带来的喜悦，抑或恢复一下过度劳损的身体，新的任务就已接踵而至。第一次核爆试验还有大量的数据需要判读，研制氢弹的任务更是早在一年前就已经开始启动。对他来说，首次核爆试验就像抽身去参加了一场重要的考试，虽然成绩优异，可一旦结束，他就得马上回去继续埋头苦干。因为下一次考试，他交上的还得是一张完美的答卷。

事实上，早在1963年9月，邓稼先领导的理论设计部在顺利完成了原子弹的研究任务之后，聂荣臻元帅就下令，研制原子弹的原班人马立即转向承担中国第一颗氢弹的理论设计任务。于是，639就成了我国第一颗氢弹的代号。不得不说，这在世界核武器研制历史上还没有先例。即使是在科学发达的美国，从研制原子弹到氢弹，再到后来的中子弹，都是由不同的科学家分头开展研究工作。而邓稼先领导的理论设计部不仅在短短四年不到的时间内完成了原子弹的总体理论设计，创造了堪称奇迹的攻关神速，而且如今他们又要发扬连续作战的精神，马不停蹄地转入新的战斗。

在一般人的理解中，原子弹、氢弹都属于核武器，理论自然应该是相通的。既然完成了原子弹的设计，氢弹的设计完全可以触类旁通、水到渠成，最多是提高一步而已。其实，这样的想法并不正确。因为原子弹和氢

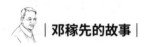

弹的爆炸原理是完全不同，甚至是截然相反的。简单地说，原子弹是靠原子核一连串的裂变反应，释放出大量的能量，称为核裂变；而氢弹则是要设法把两个原子核聚合成一个原子核，同时释放出巨大能量，属于核聚变反应。前者要打碎，后者要合并，二者根本不同。

氢弹，俗称热核武器，它使用的"燃料"不是普通的氢，而是氢的同位素氘和氚，所以严格意义上说，氢弹应该叫作"氘氚弹"。从基本原子结构式来看，氢原子核中有一个质子，带正电，核外有一个电子，带负电。而氘原子核内有一个质子和一个中子，重量是氢的两倍，因此又称重氢；氚原子核内有一个质子和两个中子，重量是氢的三倍，所以又称超重氢。在一定条件下，氘和氚可以产生核聚变，形成另一种较重的元素氦，同时释放出一个中子和巨大的能量。而可控核聚变需要的条件是非常苛刻的，可以促发氘氚核聚变的所谓"一定条件"指的就是超高温高压。自然界中，太阳的主要成分就是氢元素和氦元素，它就是靠核聚变反应给整个太阳系带来了光和热，其中心温度达到1500万摄氏度，同时存在着巨大的压力，这样的高温高压促发了核聚变不断产生。可是在地球上，如何能找到堪比太阳的高温高压条件呢？如果有，在当时的条件下，就只能是原

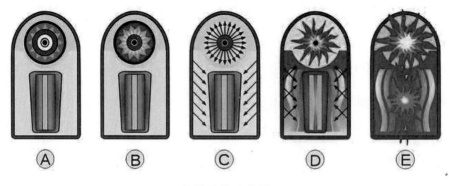

氢弹结构示意图

子弹。在原子弹爆炸的一瞬间所产生的高温，就可以满足核聚变的条件。所以，要研制氢弹，原子弹成了绕不过去的坎，因为原子弹是引爆氢弹的"扳机"，只有原子弹爆炸的高温和高热，才能让氘氚核发生核聚变。

毛主席在谈到核武器的发展问题时，曾明确指示：原子弹要有，氢弹也要快。为了尽快完成氢弹的理论设计，作为突破口，九院和其他单位的研究计算和试验首先集中在氢弹引爆器的设计方案上。邓稼先领导理论设计部的科学家们夜以继日地工作。尽管他们绞尽脑汁，挖掘各种奇思妙想，可理论攻关仍像大海捞针一般，要在千万种可能中找出可行的方案，何其艰难。经过慎重的归纳和选择，邓稼先下决心要精简出一批初步方案和理论模型。而要一一验证这些模型的特点和可行性，工作量是巨大的。经过研究决定，九院在邓稼先、彭桓武的总体领导和指挥下，将科技人员分兵三路，分别由黄祖洽、周光召和于敏三位科学家牵头，各自上机运算，验证出可能的途径。其中，理论设计部副主任于敏率领的研究小组于 1965 年 9 月赶赴上海华东计算机研究所，以便利用那里的高性能计算机进行计算和探索。

说起于敏，绝对算得上邓稼先的老朋友。因为早在 1947 年秋天，邓稼先还在北京大学任助教时，他们就有缘相识了。那一年，邓稼先顺利通过了赴美留学的考试。闲暇时间，他常爱在北京大学的校园里漫步。一次，二人无意间巧遇。他俩一位是物理系的助教，另一位是同系的大二学生，三言两语之后，志趣相同的两个人就热络地攀谈了起来。对这位本来就读北大工

于敏和邓稼先在一起

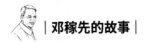

学院，却中途转入理学院物理系，并把自己的专业方向定为理论物理的学生，邓稼先真是一见如故，相见恨晚。从物理、数学到社会、人情，再到古代诗词，两人海阔天空，几乎无所不谈。他们就这么一直站在池边，兴趣盎然地聊着，不知不觉，已是深夜。秋日的夜风凉意十足，二人却完全不在意，显然，他们已经完全沉迷于探索自然世界和社会生活的乐趣之中，难以自拔。那个时候谁也不会想到，在近二十年后，他们竟成为并肩作战的战友，共同攻克下氢弹理论设计的难题。

事实上，在原子弹的研制工作开始后不久，我国的氢弹研制工作就已经悄悄启动了。考虑到氢弹研制的难度，二机部副部长刘杰和钱三强一致认为氢弹的研制必须早做布置，未雨绸缪。于是，从1960年底开始，中科院原子能研究所就增设了一个秘密从事氢弹理论探索研究工作的机构——氢核反应装置理论探索组，简称"氢核小组"，保密代号"乙项任务"，由核物理学家黄祖洽担任组长。小组成立之初，人员急缺，钱三强副部长找到了时任副研究员的于敏。于敏虽从未留洋学习，但其能力和水平有目共睹。1957年，以日后的诺贝尔物理奖获得者朝永振一朗为团长的日本原子核物理和场论方面的学术代表团来华访问，年轻的于敏参加了接待。于敏的才华给对方留下了深刻印象。代表团回国后，日媒发表文章，称于敏为中国的"国产土专家一号"。接受任务时的于敏已经进行了近10年的原子核理论研究，正处在有可能取得更大成果的关键时刻。虽有些舍不得放弃自己原有的研究方向，但是，他清楚地知道氢弹对于祖国的意义。短暂的思想斗争后，他毅然服从了组织的决定，从基础研究转向氢弹理论的预先研究工作。于敏在日后接受采访时回忆说："搞氢弹是很难的事情，并且不太符合我的兴趣，但是，爱国主义压过兴趣，我过去学的东西都可以抛掉，我一定要全力以赴搞出来。"

因此，事实上，从 1961 年的"氢核小组"开始，于敏已经在氢弹研制工作上默默耕耘了近五年之久。所谓厚积而薄发，他指导和率领攻关小组，分秒必争地对理论模型进行着计算验证。在短短两个多月后，于敏终于发现了热核材料自持燃烧的关键所在。他无比兴奋，打电话给远在青海的邓稼先，报告研究的新突破。

为保密起见，二人之间通话得使用暗语。当听说于敏"发现了金娃娃"，邓稼先立即会意，这显然是个好消息，赶紧回复："好，我们立即赶到你那里去。"邓稼先挂断电话，立即组织人马，赶赴上海与于敏会合。于敏将验证结果向邓稼先做了详细汇报，兴奋地说："我确信，我们是牵住了氢弹设计的牛鼻子了！"邓稼先频频点头，予以认可："牵住了这个牛鼻子，我们以后的工作就好做了。"于敏详细报告说："我们经过了大量的数据模拟研究，发现了原子弹引爆氢弹的一些重要规律，应用这些规律进行氢弹理论设计，可以在氢弹的动作过程中，保证热核材料的充分燃烧。而后面的一些设想，需要进一步地计算和论证。关键是这个方向是否正确，还得你来拿主意。"邓稼先满意地说："我看可以。我们马上开始计算，争取早点把计划拿出来。"二人还是如此默契。于敏信心十足地说："好，有你坐镇指挥，我们的胜算就更大了。"

于是，在二人的带领之下，攻关小组采取三班倒，人歇机不停，投入日夜不停地计算。累了，就地在机房歇一歇；困了，就把椅凳拼起来当床，随手搬过一摞书来作枕头，躺下眯上一会儿。于敏虽是一位大物理学家，但他最大的爱好是中国历史、古典文学和京剧。因为这个共同的爱好，当年的他和邓稼先一见如故，相谈甚欢。因从小熟读古诗词，他还养成了念古诗词助眠的习惯。于是，邓稼先和他一起在机房的板凳上一起吟诵李白的《静夜思》、王昌龄的《从军行》、白居易的《琵琶行》，念着念着，竟兴奋得睡不着，索性翻身起来继续工作，通宵未眠。为了节省时间，邓稼先组织大家分摊难点，各个击破，寻找解决问题的出口。最终，一个具有充分论据的可靠方案终于形成了，这就是被外国人广泛称道的"邓—于方案"。

又是秋日。只不过，这一次不在北平的校园，也不在西北高原。相较之下，上海的秋天湿润多雨，苏州河边的马路两边，依然草润花香，优雅宜人。人逢喜事精神爽。取得了阶段性胜利的攻关小组成员们感觉江南的景色格外秀美。大家提议组长于敏请客吃饭，聪明的于敏脑子一转，抢着说："谁的工资高，就由谁请客，这是老规矩，不能破坏。"邓稼先立刻自觉回应："对对对，我请。老规矩，不能破。"工作有了重大进展，这样的喜悦也需要适当的宣泄。邓稼先乐在其中，二话不说，大方地找了家不错的馆子，请大家美美地吃了顿大闸蟹。

不久，在刘西尧副部长的支持下，通过了几次冷试验，进一步证明了"邓—于方案"的正确性。九院果断结束分兵作战，集中全部力量，按照"邓—于方案"快速向前推进。继而，周恩来总理领导的中央专委决定进行两次热试验。第一次是在 1966 年 5 月 9 日的第三次核试验，由轰 –6 中程轰炸机空投下一枚含有氚化锂 –6 的 20 万—30 万吨 TNT 爆炸当量的铀 235 原子弹，试验旨在解决热核材料的性能问题，试验结果证实，制造氢弹使用热核材料铀—锂的"加强型装置"是完全可行的。第二次是在 1966 年 12 月 28 日的第五次核试验，使用一枚 30 万—50 万吨 TNT 爆炸当量的铀—锂原子弹，成功检验了热核爆炸的基本原理。有了两次热试验的成功，中央专委决定直接进入多级热核弹试验。

1967 年 6 月 17 日 8 时 20 分，罗布泊上空再次腾起了一朵美丽耀眼、不断变幻着色彩的蘑菇云，金红色的巨型火球高挂上天空，我国自主研发的第一颗氢弹爆炸成功了。在爆炸产生的巨大威力之下，离爆心 400 米的钢板瞬间熔化，水泥构件的表面变成了玻璃体，14 千米以外的砖房被吹散。当地的维吾尔老人惊讶地说："不得了！新疆出了两个太阳！"

至此，中国终于抢在了法国前面，成为世界上第四个拥有氢弹的国家。这一爆，距离成功爆炸原子弹仅仅间隔了短短的两年零八个月时间（1964.10.16—1967.6.17），我国用世界最快速度突破了氢弹。因为从原子弹到氢弹，美国用了七年零四个月（1945.7.15—1952.11.1），苏联用了四年（1949.8.29—1953.8.12），英国用了四年零七个月（1952.10.3—1957.5.15），而中国之后的法国则用了八年零六个月（1960.2.13—1968.8.24）。年轻的新中国再次创造了一个世界奇迹。

这样的奇迹为什么接连在中国发生？全世界都迫切地想找出其中的原因。一些美国专家曾请教英国诺丁汉大学校长、核物理学家杨福家院士这样一个问题：中国氢弹的发展为什么这么快？思考之后，杨院士给出了他想到的几个答案。

首先，主要得益于中国有共产党的坚强领导。这使中国

1967 年 6 月 17 日中国第一颗氢弹爆炸成功

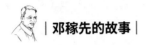

有可能在短时间内有效调配全国力量，集智攻关。对此，美国专家认为，这一点并非中国特有，因为同为共产党领导、同为社会主义国家的苏联也应该具有类似的优势。

其次，中国有一批优秀的科学家。这一点依然难以让美国专家信服，认为这也不能算作中国特色，因为苏联乃至其他有核国家，也都有自己的大批优秀科学家。

最后，杨院士给出了他心目中的"终极答案"：最重要的一条，中国拥有学术民主。

作为中国核武器研制的重要领导人，43岁的邓稼先能够率领团队，在短短八年内完成原子弹和氢弹的理论设计，除了拥有雄厚的学识根底外，还与他的个人魅力密不可分。在与他并肩作战的同事们心中，虽然老邓工作起来忘我投入、不分昼夜，但他绝不是一个只会工作、只知道工作的"书呆子""工作狂"。相反，他性格豁达、兴趣广泛、十分懂得生活。只要情况允许，在繁忙的工作间隙，他喜欢和同事们一起下围棋、打桥牌、打乒乓球，还常常拉着年轻人们一起去看京剧。多年以后回想起来，那仍然是艰苦岁月中大家内心深处愉快而美好的记忆。闲暇时间的放松，总是由老邓自掏腰包请客，理由是所有人中他的工资最高，时间久了，竟也习惯成自然。买不到戏票也有办法，爱看戏的老邓颇有经验，总有本事为大家等到退票。饭馆人多没有空位也不怕，善于观察的老邓可以准确判断哪一桌快要吃完了，提前占据"有利地形"。总之，身为领导的邓稼先已经随和到可以被随时掏兜儿找烟抽的程度。在大家心中，邓稼先不是严肃威严的"邓院长"，只是尊敬可亲的"老邓"。

不得不说，钱三强副部长作为我国核科学、核技术、核工业的主要奠基人之一，的确是知人善任。他一开始就清楚地看到，邓稼先身上具有很多特别的优秀品质——忠于国家，忠于民族，忠于事业，朴实无华，坦诚直率，对同志真诚关心，而这些恰恰是大科学技术领导人的必备品质，是在团队协作攻关中最大程度凝聚人心的关键所在。邓稼先就像一块巨大的磁石，将各方面的同志紧密地凝聚和团结在一起，为着共同目标努力奋斗。

曾经与美国"曼哈顿计划"领导人奥本海默共事的杨振宁先生将两位"原子弹之父"做了一番详尽的对比。

奥本海默和邓稼先分别是美国和中国原子弹设计的领导人，各是本国的功臣，可是他们的性格和为人却截然不同——甚至可以说他们走向了两个相反的极端。

奥本海默是一个拔尖的人物，锋芒毕露。他二十几岁的时候在德国哥廷根镇做玻恩的研究生。玻恩在他晚年所写的自传中说研究生奥本海默常常在别人做学术报告时（包括玻恩做学术报告时）打断报告，走上讲台拿起粉笔说："这可以用底下的办法做得更好……"我认识奥本海默时他已40多岁了，已经是妇孺皆知的人物了，打断别人的报告，使演讲者难堪的事仍然时有发生。不过比起以前要少一些。佩服他、仰慕他的人很多，不喜欢他的人也不少。

邓稼先则是一个最不要引人注目的人物。和他谈话几分钟，就看出他是忠厚平实的人。他真诚坦白，从不骄人。他没有小心眼儿，一生喜欢"纯"字所代表的品格。在我所认识的知识分子当中，包括中国人和外国人，他是最有中国农民的朴实气质的人。

我想邓稼先的气质和品格是他所以能成功地领导各阶层许许多多工作者，为中华民族做了历史性贡献的原因：人们知道他没有私心，人们绝对相信他。

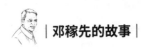

6

致命伤害

在国防工业出版社 1989 年 9 月出版的《回顾与展望：新中国的国防科技工业》一书中有一段这样的描述："周总理和老帅们在 1967 年和 1969 年的多次专委会议上，曾因空投预试中常有不开伞现象而反复强调过降落伞是个严重问题，必须查明原因，认真解决。但因'文革'的干扰破坏，这个问题一直没有解决，终于导致一次核试验的失败。"而就是在这一次失败的核试验中，邓稼先遭遇到致命的伤害。

那是 1979 年的一次核试验，因飞机空投时降落伞没有打开，核弹从高空直接摔落到地面，直到倒计时结束，翘首以待的人们也未能等到腾空而起的蘑菇云。核弹坠落在何处？虽然试验场是荒无人烟的戈壁，但是事故引发的后果依然可能是严重的。指挥部立即派出百余名防化兵赶赴事故区域，寻找掉落的核弹。邓稼先坐不住了，坚持亲自去找。基地现场指挥陈彬将军一把拦住他："老邓，你不能去，你的命比我的值钱！"邓稼先心中热流涌动，虽然他们的战场没有枪林弹雨，却同样有生死与共的同志真情。但这次，他不得不斩钉截铁地辜负了这份心意。因为他比谁都明白，试验使用的核材料钚在人体中的半衰期长达 200 年，一旦侵入人体，很快会被骨髓吸收，它在人有限的生命里，会造成终身伤害，永无解除之日。它的杀伤力巨大，微不足道的 1 克钚，能将 100 万只鸽子置于死地。而正是因为清楚这样的危险，邓稼先才必须亲自去，他的脑海里只有一个理由:"这事我不去谁去？！"

不容劝说，邓稼先和二机部副部长赵敬璞迅速换好防化服，登上吉普车，向大漠深处疾驰而去。车上的邓稼先一言不发。他完全没有心思去考虑即将面对的危险，满脑子盘旋的全是"事故的原因究竟是什么""会造成的什么严重结果"。他迅速判断着弹着点可能的位置。既然问题出现了，就必须找到核弹，探明事故的原因。邓稼先不断指挥着方向，吉普车在漫无边际的戈壁上颠簸奔驰着。突然，他叫停了车子。邓稼先判断他们已经身在事故地区的边缘。他跳下车，态度十分坚决地阻止赵副部长和司机同行。赵副部长说什么也不能同意，他不能让这位大科学家只身犯险。最终，邓稼先急了。他顾不得对领导应有的尊重，大声喊道："你们站住！你们进去也没用，没有必要……"这样的生死关头，邓稼先还是决定不要直白地将"死亡""牺牲"说出口，他硬生生地吞回了后半句话。

就这样，这位 50 多岁的大科学家一个人朝着危险的中心走了过去。深一脚、浅一脚，脚下沙尘飞扬。他步履艰难，边走边四处搜寻，终于发现了已经摔碎的弹头。他不顾一切冲了过去，竟然用双手捧起碎弹片仔细查看，直到确认没有发生最令人担心的后果，紧绷的神经才松弛了下来。什么叫"将生死置之度外"？此时的邓稼先已完全忘记自己捧起的是万分危险的放射物！这一瞬间，他俨然变成了一个毫无防范意识的"傻子"。当他拖着疲惫的步伐走出事故区，对焦急等候的赵副部长说的第一句话就是："平安无事！"

此时，邓稼先的内心交织无数复杂的情绪。事故发生后的担心、沮丧，排除危险后的庆幸、轻松，但不知道这其中是否还夹杂着一丝后悔和害怕。这时候，他做了一个颇为"反常"的决定——主动提出要与赵副部长合影留念。邓稼先本人是不太喜欢拍照的，再加上从事原子弹研制工作以后，出于强烈的保密意识，除了集体合照，他就更少拍照片，更不用说是工作照。而今天，他为何有此决定？旁人不得而知。于是，邓稼先留下了此生唯一一张可以证明他与原子弹工程直接相关的工作纪念照，虽然，要看出照片上的人是他，也并非易事——他和赵副部长被白色口罩和防化服从头到脚遮了个严严实实，只能大致从身高上判断站在左侧身材高大的人是他。至于帽檐下那双深邃的双眼在望向何处，要传达些什么，无从知晓。也许，邓稼先意识到，这将是他生命转折的一个时刻。

果不其然，几天以后，邓稼先一回到北京，便住进了医院。检查结果表明，他的尿液已有很强的放射性，白细胞内染色体呈粉末状，虽然数量尚在正常范围内，但功能已大大丧失，肝脏也受损严重。医生的结论是："他几乎所有的化验指标都是不正常的。"病床上的邓稼先告诉妻子："不要担心，结果还好，只是尿液检查有点问题。"可是，这样的"谎话"哪里骗得了身为医生的妻子。许鹿希再也忍不住，跺着脚向他发了脾气。邓稼先太不知道疼惜自己的身体了。对于他眼下的身体状况，唯一缓解的方法，就是第一时间停止手上的

1979 年邓稼先和赵敬璞在新疆核试验基地事故发生区域

工作，并安心疗养。可是，妻子自然也知道，无论怎样规劝，邓稼先是绝不会乖乖听话的。他哪里放得下自己心爱的工作呢？但妻子不甘心，还是想要努力地试一试。晚上，她坐在病床边的椅子上，看着丈夫憔悴的脸，决定耐心地劝说一番。邓稼先高大的身躯靠在身后叠好的被子上，双手枕在脑后。他的视线，时而望向妻子，一副认真倾听的样子，时而又转向天花板，直直愣愣地盯着，思绪不知飘荡到何处去了。妻子知道，邓稼先的内心也在权衡、纠结着，他并非听不进自己的规劝，但可以肯定的是，即使他考虑自己的身体状况，其出发点也绝非自己，而是他的工作。身体是革命的本钱，这是他全身心投入原子弹研制工作二十余年的深切感受。但是，新一代的核武器研究不能等。

结果可以想见，邓稼先没有听从妻子的规劝。但是，从此以后，他便感受到明显的身体变化。1980 年以后，他的身体加速衰老，头发也白了，工作疲劳随时来袭，并且很难缓解消除。年轻时最爱的爬山也变得力不从心，常常走到半路就举步维艰，虚汗淋漓，不得不半途而废。有时候正在开会，突然间感到心跳加速，坐在旁边的高潮副院长为他搭脉，脉搏高达每分钟 120 次。

1982 年核试验临近的一天，邓稼先接到报告，说井下有一个重要信号突然测不到了。试验在即，已身为九院院长的邓稼先怎么能不着急？可为将者，胸中有激雷而面如平湖。他知道只有自己稳住神，军心才不会乱。邓稼先冒着零下 30 多摄氏度的低温和戈壁滩上呼啸的风沙，和大家一起来到井口。对于大家的极力劝阻，他只有一句话："我不能走。"语气坚定，没有商量的余地。直到事故排除，试验成功，邓稼先才真正卸下心头的巨石。放松下来的他第一个想到的就是"喝两口"。喝酒是邓稼先的小嗜好，

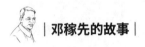

如今已经鲜有机会让自己满足一下了。随行的李医生太了解老邓了，他凑上前来，神秘地说："我那里还有一瓶剑南春。"邓稼先一听便来了兴致，立刻大声催促起来："快！快去拿来！"可是，就在两个人准备就着食堂里打来的大锅菜开怀畅饮的时候，却有人跑来，请邓院长去参加庆功会。找不到理由推脱的邓稼先只能硬着头皮前往。其实，他真心不愿意参加这样的聚会。既不是怕喝酒，也不是怕领导，而是因为在他看来，吃饭、玩耍，特别是喝酒，第一要务就是自在，在于随性而至的自由抒发。相比之下，宴会上的吃饭喝酒被礼仪捆绑，完全失去了真正的乐趣。所以，他只有每次回到北京，和老父亲对饮几杯的时候，才有真正的酒兴——爷儿俩轮流晃着茅台酒瓶，通过听声掂重，来判断两人究竟喝了多少。他们互劝着对方，不要再喝了，同时又给自己斟上一杯。他们边喝边聊——音乐、京剧、国画、小说，兴之所至，无所拘束。这样的自在，就像在街上边走边吃烤白薯，没有什么身份礼仪的约束，令人心向往之。如今，他被请到了庆功会、宴会桌上，这种自在就没有了。邓稼先只喝了一口酒，竟一下子昏倒了！"李大夫，李大夫，快过来！"身边的人吓得大叫。听到呼唤的李医生冲了过来。眼前这个刚刚还准备和自己一起畅饮的老邓，此时既摸不到脉搏，也测不到血压！

经过一整夜的全力抢救，邓稼先总算慢慢恢复了意识。他安慰着身边的同志："我没事了，大概是试验成功了，人一下子松下来，太高兴太激动了吧！"李医生长长地舒了一口气，他的心里十分清楚，这样的激动和兴奋，对老邓来说，早已是家常便饭，身体的应激反应是原因之一，但追根究底，还应该是几年前那次致命的伤害。

7
新雷再响

邓稼先深深知道，军事技术的发展是飞速的，超级大国尤其不会停止核武器研发的脚步。美国先后进行了 900 余次核爆试验，并于 1977 年 6 月率先研制成功中子弹，随后将其装载于飞机、导弹和炮弹，作为有效的战术核武器。

中子弹（neutron bomb）亦称"加强辐射弹"，是一种在氢弹基础上发展起来的、以高能中子辐射为主要杀伤力、威力为千吨级的小型氢弹。它常被视为继第一代原子弹、第二代氢弹之后的第三代核武器。一般氢弹由于加装一层贫铀（铀 238）外壳，氢核聚变时释放的中子会被这层外壳大量吸收，产生出许多放射性沾染物。而中子弹去掉了外壳，核聚变产生的大量中子就可能毫无阻碍地大量辐射出去。因此，中子弹的特点就是爆炸时核辐射效应大、穿透力强，但释放的能量相对不高，冲击波、光辐射、热辐射和放射性污染比一般核武器要小。在作战中，它通过爆炸瞬间发出的高能中子辐射来杀伤人员，但对建筑物和设施破坏很小，也不会带来长期的放射性污染。尽管它还从未在实战中应用，但仍被军事家们视为防御进犯之敌最理想的武器之一，被称为战场上的"战神"及"最干净的核武器"。

氢弹爆炸成功之后，邓稼先及九院的专家们除了加紧推进核弹的武器化进程，又将攻关的重点转移到新型核武器（即中子弹）的研制上来。

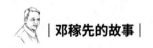

1977年9月21日，张爱萍将军在《人民日报》上发表了一首诗："合金钢不坚，中子弹何难。群英攻科技，敢破世上关。"1984年12月我国进行的第五次平洞核试，就是中子弹的首次原理实验。

自从1979年吃了一次"大剂量"后，邓稼先的身体健康每况愈下。此时的他已经十分虚弱。其实，他一直在密切关注着自己的身体变化，出现了症状，也及时咨询随行的李医生。邓稼先毕竟是一个科学家、一个唯物主义者，他相信现实的因果关系。所以，对于各种症状的出现，他并不大惊小怪，却也没有心怀恐惧地早早就医保命。因为他很清楚，自己一旦进了医院，恐怕就很难再回到工作岗位了。而他现在最想做的，是拼尽全力，尽快推进手上的中子弹研制工作。他决定和时间赛跑。这个时候，距离邓稼先辞世，只剩下最后的一年半时间。

邓稼先坐在飞机的临窗位置，时而俯视脚下的白云，陷入沉思，时而疲惫地闭上眼睛，他必须为接下来的工作养精蓄锐。飞机降落，走出机舱的邓稼先抬眼远眺，12月的乌鲁木齐银装素裹。不久，他再次来到马兰小镇。

对这个小镇，邓稼先再熟悉不过，这里就像是他无数次奔赴的"考场"。不知为何，这一次，他尤其想一个人静静地走一走。寒冷清新的空气扑面而来，直沁心脾。马兰草依旧随处可见，依旧自然顽强地生长。在这荒凉的中国大西北，其他植物早已不复存在，只有它们在罗布泊这严重干旱、风沙疾暴的千年无人区，独自绽放成一道亮丽的风景。此刻的它们，是否也在满心期待又一次胜利的轰鸣？能否体察出老邓不一样的心情？

很快，邓稼先又转回紧张的节奏之中，开始忙碌着安排和检查工作。

前往试验场的路高低起伏，坎坷不平。曾经身形矫健的他变得步履维艰，走在身边的两个同志不得不伸手扶住他向前走，最后他几乎是被架到了目的地。趴伏在两位同志肩上的邓稼先气喘吁吁，还不忘笑着掩饰说："哎，老了，身体不行了。最近一直拉肚子，肯定是水土不服吧！"可只有他自己和极少数人知道，近来几乎天天便血。副院长高潮悄悄提醒他说："赶紧去医院看看，要注意，怕不单纯是痔疮吧？"邓稼先心里当然早已想到，自己极有可能患上了什么不治之症，但他还是岔开了话题："嗨，先把工作忙完再说吧！"

试验当天，邓稼先和于敏坐进了基地前沿的指挥车。两位战友是核试验场上配合默契的黄金搭档，是"一个身子上长着的两个脑袋"。邓稼先身材魁梧，于敏脱发严重，于是大家常开玩笑说，"只要一个胖子和一个秃子紧忙活一阵子，就要响了"。通常这二位只要待在一起，要么讨论高深的物理问题，要么互相打趣玩笑，有说有笑，十分欢乐。而今天，他俩却坐在指挥车里，一句话也没有说。他们在静静等待试验的结果。

忽然间，一声巨响。地动山摇，绝对不是夸张地形容。远处的荒山颤动着，大片黄色的烟尘腾空而起，结成一张巨大的帐幕，被凌空抛起，又轻柔落下。大片远山像被施了魔法一般，顷刻间改变了颜色。

等待总显得如此漫长。当副院长胡仁宇飞奔而来，邓稼先和于敏预感到会是一个好消息，连忙高声喊道："有没有，有没有？那个尖尖有没有？""有，有，尖得很高，很清楚！"胡仁宇手里高举着照片底片，兴奋地不停晃动着。邓稼先接过底片一看，高兴得几乎要跳起来。

中子点火正常，燃烧正常。这颗验证弹试爆的圆满成功，为全面突破中子弹技术瓶颈和首次中子弹核试验打下了重要基础。刘西尧副部长特意

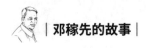

为这次核试验赋诗一首：

二十年前春雷响，今朝聚会盼新雷。喜闻戈壁传捷报，敬贺老邓立新功。

中子弹原理取得重大突破，成为邓稼先一生事业上继原子弹、氢弹之后的第三座里程碑。因为此次核试验的成功，1987 年 7 月，邓稼先的"核武器的重大突破"项目被政府授予国家科学技术进步奖特等奖。但，这已经是他辞世一年以后的事情了。而当时的邓稼先只能满怀着对第三代核武器触手可及的喜悦，遗憾地与罗布泊永别了。

8
深情告别

邓稼先一生的事业轨迹与中国核武器的发展同步。他毫无保留地将自己的整个生命投入其中——为其忘我工作，为其只身犯险，为其舍生忘死，为其鞠躬尽瘁。不难理解，当这样的人真切地预感到自己的事业乃至生命行将结束，心中会充盈多少遗憾与不舍。他，要向曾经的战场深情告别。

一次核试验的间隙，邓稼先突然提出要故地重游——前往当年第一颗原子弹试爆试验的爆心，去看看那座曾托起 596 的功勋铁塔。在保健医生李锦秀的陪伴下，邓稼先乘车来到了当年的试验区。虽然转眼二十载，但他清楚，核辐射仍在，他要一个人进去，但李医生放心不下，坚持同行。

杳无人烟的大漠戈壁一望无际，只有风沙掠过的声音，两个身影在其中踽踽前行。上溯一千七百年，这里商旅络绎，文化交汇；回望二十载，此处一声巨响，打破千年沉寂。核弹的巨大威力之下，生灵俱灭，沙子和石块变成了琉璃砖的模样。常人眼中，这里是恐怖的无人区、可怕的辐射区；在邓稼先心里，这里是火热的战场，是千万人奉献青春、泼洒汗水，甚至牺牲生命的地方。自古，塞外的凄凉长伴戍边者的悲壮。"狂风惊沙扑人面，雾迷衰草漫无边"，京剧《穆桂英探栈道》中这两句唱词，邓稼先尤为喜欢，这是此地的真实写照。触景而情生，哪怕是一块小小的琉璃砖，足以将他带回到火热的 1964 年……

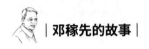

　　邓稼先一边走一边兴奋地向李医生讲述着当年热火朝天的战斗场景——参与首次核爆的人员如何编队，如何分工，如何部署分配驻扎地域。在一个没有任何标识的区域，邓稼先忽然停住脚步，激动而又肯定地指着说："你看，咱们的队伍当时就住在这里。"在他的脑海中，一切似乎就发生在昨天。望向脚下，他又告诉李医生，当年这些地方还有许多美丽的贝壳化石，记得刘西尧部长曾捡到一个大块的，特别让人保存起来，说要留着以后送给周总理做纪念。

　　就这样，邓稼先一路回忆着、讲述着，兴致越来越高，步伐竟也越走越快。他完全不必四下张望，辨别方向，确信的脚步没有迟疑，没有停歇。突然，他停住脚步，用手一指，高声喊道："看，铁塔！"李医生循着他手指的方向望去，那座曾经高耸的铁塔如今正安静地平卧在大地上。它的顶端已经熔化，底部也扭曲变形，粗壮的钢架绞成了乱作一团的麻花，只有中间一段塔身还依稀可辨原来的模样。当年他曾亲自攀上这座120米的高塔，那耳边呼啸的风声、眼中无垠的沙漠，记忆中的点点滴滴都还如此清晰和鲜活。如今，这座高塔已完成了它的历史使命，安详地沉睡在这里。当然，这里之所以无人打搅，还有一个重要原因，就是此处仍有辐射污染。静卧的高塔旁立着一块石碑，记录着这片土地的历史功勋。碑文由张爱萍将军亲自题写：1964年10月16日15时中国首次核试验爆心。邓稼先情不自禁地走上前去，默默地站在石碑旁边。他似乎是在进行着一个庄严的仪式，站在这个特殊的地位，缅怀过去，完成告别——也许他已清楚地意识到，这是最后一面，自己即将与此地永诀。这座碑，对邓稼先而言意义非凡，这是他一生宏伟事业的里程碑。李医生读出了邓稼先满眼的眷恋与不舍，提议说："老邓，我给你拍张照，留个纪念吧！"略做迟疑，邓稼先还是摆了摆手，说："算了，还是不照了吧！"李医生知道，老邓一生恪守纪律，即使这个时候，他也不愿意破例。

依依不舍告别了铁塔，邓稼先又提出再去平洞看一看。

平洞和竖井是地下核试验的两种主要方式。平洞就是在山体上开掘的一种特殊设计的坑道，通常有一条长坑道和几条支坑道组成。核试验时，先在坑道内放置核爆炸装置和各种探测器，再按特殊的设计方案回填堵塞，最后实施核爆炸。1984年底的中子弹原理试验就是一次成功的平洞核试验。

一路向前，邓稼先又忍不住与李医生分享起自己那些鲜明的记忆："在平洞或深井里进行地下试验，主要是听响，两声闷雷似的巨响，一声来自平洞或深井，一声则是来自大山的回音。比较起来，还是空爆更好看。奇异的闪光，比雷声大得多的响声翻滚过来，一股挡不住的烟柱笔直地升起，真是'刺破青天锷未残'！小李，你知道吗？好看得很呀！一会儿就变成一个蘑菇状的大火球，像一把大扫帚一样，把原先天上飘着的白云一扫而光。"

来到平洞洞口，直感到一股股暖流热气扑面而来。时隔多年，洞内的温度仍然居高不下，行走在其中，就像置身于上了汽的蒸笼，有一种要窒息的感觉。李医生怕邓稼先吃不消，催促他快点出去。可邓稼先却像没听见似的，执意要继续往里走。不用说，他又沉浸在自己的世界中了，时而滔滔不绝地讲述，时而又陷入了长久的沉默，时而又蹲下身去捡取几块岩石，说要带回去做研究。当折返回来见到平洞口强烈的光线，他明显放慢了脚步，甚至几步一回头。是啊，无论条件再简陋，环境再艰苦，核试验场永远都是邓稼先生命绽放得最为绚烂的地方，让他如何能够轻易割舍？

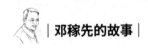

返回驻地，二人所穿的鞋子经测试仪器一碰，竟发出"噼噼啪啪"的响声。这说明他们所到之处，仍存在着强烈的辐射污染。李医生连忙拎起两双鞋子，扔到远离帐篷的戈壁滩上。

邓稼先知道，这样的危险之旅以后不会再有了，好在他算是完成了与自己热爱事业的深情告别。

1984年底，邓稼先冒着严寒，再次来到罗布泊，组织指挥了他人生中的最后一次核试验。据统计，在邓稼先去世的1986年之前，我国共进行了32次核试验，而由邓稼先亲自主持的就多达15次，全都获得成功。为此，邓稼先得了个"福将"的称号。殊不知，这位福将之"福"并不是靠老天爷的恩赐保佑，而是凭借着他辛苦扎实的工作和一丝不苟的精神，以及他率领的所有科研技术人员的共同付出和努力。

罗布泊的荒漠戈壁与邓稼先紧紧地联结在了一起，令他此生魂牵梦绕，难以割舍……

第六章

最后的 363 天

1
生命倒计时

1985 年 7 月 31 日，邓稼先从遥远的西北基地匆匆赶回北京，参加张爱萍将军主持的一次重要会议。一见面，张将军就关切地问："稼先，你怎么瘦了？气色也不好，身上有哪里不舒服吗？"邓稼先犹豫了一下，回答说："没什么大问题，好像是痔疮，疼得很，开完会我就去医院，开点润肠药就回来。"二十余年来，邓稼先和同事们似乎都默认了一个事实，像他们这样常年身在大西北，高原缺氧，生活艰苦，工作紧张，人脸色差点儿或者患上肠胃病、痔疮什么的，纯属正常，都是小毛病，吃点药对付一下足矣。更重要的是，在邓稼先看来，自己就是一部机器上的零件，无论什么时候、出于什么原因，松了螺丝，掉了链子，都会影响整个系统的运作，他不愿也不能停下手中的工作。当然，他也知道，也许这只是用来自我安慰的借口。对自己的身体状况，他冥冥中有预感，大病随时可能将自己击倒，但他希望这一天来得越晚越好。近几年来九院曾几次组织职工体检，可他一次也没有去过。每次到了体检的日子，邓稼先不是远在罗布泊，就是在赶往其他基地的路上。让他事后补检，好像更不可能，一个月从东到西、从南到北地穿越国土两三趟，也是常有的事儿。工作让他忙得脚不沾地，根本无暇考虑体检的事情。张将军太了解邓稼先了，对自己的身体健康，他总是轻描淡写，大事化小。不容分说，将军当即大步走出会议室，亲自给 301 医院院长打电话，要求安排最好的医生接诊，并派自己

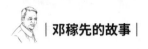

的专车送邓稼先去医院——这一次，必须监督这位工作起来不要命的邓院长好好检查一下身体。

不出所料，邓稼先等来了他最不愿意听到的结果。医生的态度十分和蔼，语气却异常坚定："别走了，立即住院！"

"我正在开一个重要的会，不能住院。"邓稼先几乎是条件反射式地据理力争，在他心里，永远是工作最大。

"这里可不是会议室，这是医院。"医生面带微笑，却没有给他丝毫商量的余地。

邓稼先沉默了，没有再做争辩。他明白，这定是重症的判决。虽然知道这一天早晚会来，可现在，未免太快了些，就这样毫无征兆地把他从工作中抽离了出来，没有收尾，没有过渡，没有交接，他还没有做好准备。

他更没有想到的是，1985 年 7 月 31 日这一天，医生的这道"命令"，开启了自己最后 363 天的生命倒计时。

六天后的 8 月 6 日，邓稼先接受了活体取样检查手术。

张爱萍将军亲自赶到医院询问医生，语气中充满了焦灼："活体检查怎么样？确认是什么病？"

回答却是极其冷静且程式化的："这个按常规要在一周之后才能知道结果。"

身经百战的张将军此时却沉不住气，音量也在不经意间提高了不少："今天我就坐在这里等着，请你们尽快拿出化验结果来。"说完，索性一屁股坐在椅子上，不走了。

首长的指示必须立即执行。半小时后，冷冻切片的化验结果出来了。邓稼先被确诊为直肠癌。

　　四天后的 8 月 10 日，邓稼先接受了一次大手术，目的是将癌细胞所犯之处进行彻底的清理切除。

　　一早，张将军就匆匆赶到 301 医院，九院和核工业部的领导们也悉数赶来。如此情境氛围之下，连身为医学院教授的妻子也很难冷静面对。她双眼噙满泪水，焦急地守候在手术室门口。癌症的破坏力无须多言，关键这位身患癌症的病人还是一个曾受到严重辐射伤害的 60 岁的老人，此时他的身体里尚存多少抵抗力对付来势汹汹的癌细胞，的确不容乐观。正如医科大学老校长的判断："我们刚一听说邓稼先同志患了癌症，就知道糟了。核辐射和癌细胞两下夹攻，不好办呀。"对于这些，妻子许鹿希心知肚明，再怎么努力做好心理准备，也很难淡然面对，心中只能默默期盼着奇迹的发生。手术室外，墙上的时钟一如既往嘀嘀嗒嗒，不疾不徐。可在等待的人眼里，它变得缓慢而又迟钝。人们多么希望，下一刻手术室的大门洞开，走出的医生摘下口罩，满面笑容地告知：手术成功，情况没有想象的那么糟，一切都还在掌控之中。可是，医学是科学，科学必须面对现实，而现实往往又是极为残酷的。手术后的病理诊断为："肿瘤的病理性质是恶性程度较大的低分化、浸润性腺癌，直肠旁淋巴结 7 个，全部有癌转移……癌症属中期偏晚，已有淋巴结及周围组织转移。预后不良。"

　　术后的邓稼先住进了组织为其安排的一间高级病房。周围一下子安静下来，他的内心同时被理智和情感纠缠着。理智上，他当然清楚，自己必须做好最坏的准备，面对离别与死亡；而情感上，他更愿意相信如今医学昌明，渴望奇迹的出现。这种纠结最深层的出发点不是单纯为了延长生命，而是因为自己还有很多事没有做。

　　邓稼先素来是一个热爱生活、随性自在的人。在条件允许的情况下，

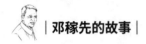

他愿意将生活过得更为精致而有品位——他喜欢喝五粮液，抽中华烟，用美加净牙膏；闲暇时，他爱打桥牌，听京剧，欣赏交响乐。为了国家的核事业，他甘愿放弃了这一切。而如今，他不得不将自己蜷缩在小小的病房里，甚至得忍受下腹左侧的"人造肛门"。这样"活着"的状态，对他而言，无异于丧失尊严的痛苦折磨。可是，他无论如何都要坚持和忍耐，因为这是他在生命的最后阶段，为了未竟的事业和工作必须付出的代价。

2
永不停歇的工作

工作，曾是邓稼先人生的主旋律，却在一次会议间隙的体检之后，突然地被强行按下了停止键。原本紧张忙碌的节奏戛然而止——他被迫离开了基地，离开了试验场，离开了会议室，离开了亲爱的战友们。可是，二十余年来，他就像一列高速行驶的列车，不知疲倦地向着下一个、再下一个目的地进发。而现在，这辆迫于无奈紧急刹车的列车显然是被一股巨大的惯性裹挟着——人，虽被病魔囚禁在狭小的病房里，心，却断难离开他魂牵梦萦的中国核事业。

对邓稼先来说，空闲曾是个宝贵的东西，只能在忙碌中"偷"得一些。但他的工作计划中，也有许多是需要大段时间来完成的，而如今，它们终于有可能被提上日程了。放在首位的应该就是写完一本预计 80 万字的理论著作。著作的内容是作为原子核理论工具的群论。群论一直是邓稼先很感兴趣的理论领域，也是他在核物理研究中常用的建模工具。二十余年来，他有无数的经验和心得要灌注于这本书中。书的写作，邓稼先筹谋已久，也早早地开始动笔。若不是被堆积成山的工作压得喘不过气来，恐怕早已顺利完成了。即便如此，靠着他忙里偷闲地挤时间写作，也已经有了好几万字的开头。现在，是否可以专心地将它写完呢？可转念之间，他又想起手上还有好几件挂心的问题尚未解决。只要身体稍好一些，就得把几位老伙计都叫来，好好商讨一下解决的方案。

病情严重的时候，邓稼先什么也做不了。他虚弱地躺在病床上，无奈地望着天花板，自我安慰着：唉，还是现实一点吧，眼下的当务之急是恢复体力。磨刀不误砍柴工嘛！也许现在专心治疗，出院以后听听音乐、下下围棋，彻底放松一段日子，没准儿就可以好起来，反而可以多做一些事情，把失去的时间补回来。可当邓稼先病情一旦稍有缓解，到医院探病的人就开始络绎不绝。常常是亲友们刚刚坐下聊几句家常，他的同事们就接踵而至。他们总是问询完邓院长的病情，就一副欲言又止的样子站在一边。于是，亲友们赶紧识趣地陆续起身告辞。礼貌送客，房门一关，病房就立刻变成了会议室。

邓稼先关心的头等大事就是中国核事业的未来发展。其实，自从1985年10月第一次手术后，这件考虑已久的事情就演变为一种沉甸甸的紧迫压上了他的心头。术后第四天，他就用颤抖的双手写条子，托人带给研究院，请同事从四川基地给他送来关于国外核武器进展的资料和书籍，还要了一大堆英文、法文、德文、俄文的杂志。他还特意约请老搭档于敏来到医院，二人进行了一次深入的交谈。邓稼先通过深入研究世界范围核武器研发的进程和规律，敏锐地觉察到中国核事业发展的机遇转瞬即逝。目前，中国虽然有了不错的基础，但仍然需要"眼睛盯着，心里想着，手上干着"，一刻也不能懈怠。逆水行舟，不进则退，落后就会挨打。这一点也是于敏等九院专家们长期以来形成的共识。邓、于二人经过反复商议，决定抓紧着手起草一份关于我国核武器未来发展设想的建议书，递交中央。

撰写建议书的同时，邓稼先开始了痛苦的化疗。一次治疗通常要持续好几个小时，药水随着静脉点滴缓缓注入血管，邓稼先只能平躺或斜靠在床头，但仍然边做治疗边看材料。病床前的妻子不停地用毛巾替他擦拭着额头上冒出的虚汗。好不容易等到了治疗结束，护士刚刚拔出针头，邓稼先就挣扎着坐起来。他强忍着痛苦，对报告进行了逐字逐句地推敲和修改，除了报告内容如何调整，最后如何润笔，还包括如何签名、上报等细致的工作建议。他这是在不顾一切地与死神赛跑，要赶在下一次大手术之前完成这份报告。在给同事留的便条上，邓稼先详细地叮嘱了工作的相关事宜，而在最后，他写了这样一句话："我今天第一次打化疗，打完后，挺不舒服的"，署名"老邓"，时间是"86.3.14"。而在这两部分内容之间，邓稼先用笔标注了一长串黑点作为分隔符，显得格外醒目。这是一条意味深长的分割线，隔开的是工作话题之外一句简单的留言。或许，在邓稼先的心中，完全是把自己的身体疾病和个人感受作为区别于工作的私事看待；或许，在远离基地、试验场的孤寂病房中，他更加渴望做回那个可以与战友们相互开玩笑、起外号的"老邓"；又或许，这些文字本身便是他内心紧迫、不舍、遗憾等五味杂陈的情绪表达。

邓稼先写给于敏、胡思得的便条

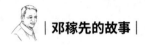

一段时间的化疗结束后，邓稼先的血液检查报告显示，白细胞数目过低，血象太差，必须中断治疗。医生同意他回家休养两三个月。可不久后，他不得不再度入院，进行又一次活体组织检查。癌细胞的转移明显加快了。邓稼先预感到，留给自己的时间已经不多了，只能拼尽全力。他不止一次地对妻子说："我有两件事必须做完，那一份建议书和那一本书。"

于是，病房成了他的办公室。邓稼先靠着惊人的毅力忍受着病痛的折磨，只要感觉身体尚可以支撑，他就要坚持着坐起来。为了能稍稍减轻一些病痛，他只能坐在橡皮圈上伏案工作。为了这份建议书，邓稼先翻阅的书籍和资料在床头桌上堆了两尺多高，一旦想到某个问题，就马上给九院领导打电话，讨论工作，制订方案，有时一谈竟是好几个小时。妻子心疼地劝他休息，他总是轻轻地摇摇头。几经修改，终稿完成。他委托妻子将其代为转交给九院领导。临出门时，邓稼先突然叫住妻子，叮嘱说："希希，这个可比你的生命还重要。"

1986 年 4 月 2 日，由邓稼先和于敏二人联合署名的建议书最终完成并正式提交中央。这是一份关于我国核武器发展极为重要的报告，成为党中央制定相关战略决策的重要依据。这份建议书的具体内容当属国家机密，但其重要意义及产生的深远影响，十年之后我们可以从公开发表于《光明日报》上的纪念文章《十年，我们时刻怀念》中得知一二。

这篇文章于邓稼先逝世十周年之际发表于《光明日报》1996 年 7 月 22日第 5 版，由于敏和先后担任九院院长的胡仁宇、胡思得三位同志联名撰写。文章指出：

1996 年 7 月 22 日《光明日报》第 5 版文章
《十年，我们时刻怀念——纪念邓稼先院士逝世十周年》

　　十年前，已患重病的稼先以他高度的政治敏锐性和深厚的业务功底，通过对核大国当时发展水平和军控动向的深刻分析，认为核大国设计技术水平已经接近理论极限，不需要进行更多地发展。因此有可能出于政治上的需要，改变它们先前坚持的主张，作出目的在于限制别人发展、维持其优势地位的决策。核大国的这种举动，对他们自己已不会有什么重要影响，而对于正处在发展关键阶段的我国，则会带来非常严重的后果。十年之前，我们的事业正处于十分关键、十分敏感的发展阶段。如果一旦受到干扰和迟滞，就会丧失时机，产生稼先指出的"多年努力，将功亏一篑"的严重后果，将对国家造成不可弥补的巨大损失。严峻的形势，使稼先万分焦急，他不顾重病缠身，亲自组织研究讨论，起草给上级领导的报告，申诉意见和建议。在这份报告中，客观地分析了各国技术发展水平和军控

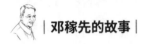

谈判的动态，分析了我国所处的发展阶段以及与国外的差距，提出了争取时机、加快步伐的战略建议以及需要集中力量攻克的主要目标，并且详细地列出达到这些目标的具体途径和措施。这是一份既凝聚着稼先和他的同事们心血和爱国热情，又十分客观、科学的建议书。上报之后，立即得到中央和上级领导的赞同，并及时采取果断有效的对策和措施。稼先去世后，他的继任者们，始终是围绕着这份建议书的精神在贯彻、执行。十年来的形势变化，完全证实了建议书的正确性。每当我们在既定目标下，越过核大国布下的障碍，获得一个又一个的胜利时，无不从心底钦佩稼先的卓越远见。

1986年5月16日，为了清扫癌细胞侵犯的部位，尽可能减少疼痛和延缓病程，邓稼先不得不接受了第二次大手术。可是，上了手术台，医生才发现癌变已经发展到手术刀所不能及的要害部位。手术后的邓稼先愈加虚弱，再也无法坚持工作，可他的思绪却依然离不开钟爱的核事业。

一个阳光明媚的上午，外甥小捷照例来到医院探望邓稼先，还应他的要求带来一盘美国乡村音乐的磁带《我的肯塔基故乡》。这些曲调简单的音乐具有很强的故事性，风格亲切热情而不失流行，邓稼先渐渐地听入了神。他几乎忘记了病痛，思绪也跟着活跃起来，和小捷聊起了自己未来的打算："小捷啊，这次我出院后不能再做原来的工作了，但是我有好多事情要干，这些工作都是很有意义的。我想搞原子能的和平利用，它能直接造福于人类。你知道吗，原子能和平利用的工作既有意义，又有意思。"小捷一边饶有兴致地应着邓稼先的话，一边起身拧了条毛巾，替舅舅擦掉额头上不断渗出的虚汗。邓稼先继续说："你听说过吗？猪肉在常温下放两个月还和原来一样新鲜，你注意，是一样新鲜！"小捷若有所思地眨眨眼说："明白了，罐头只是防腐，不能保鲜。"邓稼先赞同道："对！不仅猪肉，许多食品都可以利用原子能来防腐保鲜。再比如咱们常用的普通避雷针，保护半径只有安装高度的 1 到 1.5 倍，而放射性同位素做成的避雷针，保护范围比它要大几倍到几十倍。"小捷一听也来了兴致："照您这么说，原子能好像到处可以出奇迹啊！"邓稼先笑着说："现在还不能说'到处'，但奇迹的确不少。就说菊花吧，李商隐的诗里说，'暗暗淡淡紫，融融冶冶黄'。现在用原子能辐照后，菊花的颜色可就多了，还能出现双花并蒂甚至五朵并蒂，花的直径最大能到 38 厘米。更有意思的是，1979 年用原子能辐照后的一朵菊花，第二年 6 月 24 日就提前开花了。"病床上的邓稼先思维却似乎更加敏捷了，诸如诗词名句、原子能数据，统统都是信手拈来，如数家珍。也许，这就是年轻人特别喜欢与他聊天的重要原因。调皮的小捷听罢，忍不住开起了玩笑："哈哈，看来，孕妇辐照一下，孩子只要 5 个月就可以出生了！"邓稼先也开心地大笑起来。

邓稼先是"中国原子弹之父"，但他深知，原子能除了军事用途，还有着无限广阔的利用空间。同样多的物质，原子能要比化学能大几百万倍甚至一千万倍以上，1 升海水中的氘聚变后产生的能量相当于 300 升汽油。原子能和平利用的广阔前景是难以估量的。这是一个真正科学家的宽广视野和博大胸怀。

另外，邓稼先的心中还有一块放不下的心病、一个思虑已久的工程，那就是核废料的处理问题。他向前来探病的省长同志提出建议，核废料要用剥离固化的方法处理后再深埋，这样即使发大水也不会被冲走，可以保证全省 1 亿多老百姓不受核废料污染的伤害。可是，他的想法还不仅仅满足于安全，更想着如何能将核废料变废为宝。为此，他考虑过千百种方

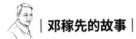

案，希望能找到一条既可以排除核废料危害，又可以为国家创造财富的可行办法。只可惜，命运对他太过无情，不，确切地说，是邓稼先为了事业过快过多地挥霍掉了自己全部的生命。直到他离去，这个问题也未能得到很好地解决。

1986年邓稼先。被授予"全国劳动模范"称号。这是国家"七五"期间第一个全国劳动模范，001号"五一劳动奖章"。在妻子的帮助下，邓稼先费力地穿上中山装，精心整理好。为了打起精神，他吃下了加倍的止痛药。面对党和国家给予的至高荣誉，邓稼先表达了诚挚的谢意，至于个人的工作和贡献，他说出了自己一贯的真实想法："核武器事业是成千上万人的努力才能取得成功的。我只不过做了一小部分应该做的工作，只能做一个代表而已。"

照片上，笑容依旧挂在邓稼先脸上，他依然坚定地说："我今天虽然患疾病，但我要顽强地和病痛作斗争，争取早日恢复健康，早日做些力所能及的科研工作，不辜负党对于我的希望。"这一天，距离

获得"全国劳动模范"证章的邓稼先依旧笑容满面

邓稼先离世，还有最后12天。

生命不休，工作不止。为了中国的核事业，邓稼先鞠躬尽瘁，死而后已。

3
"普通"的习惯

邓稼先的一生钟情于做一个普通人。对于那些可能由家境、人际、学业、职务、贡献、成就、荣誉带来的特殊待遇，他似乎有点儿天然地缺乏概念，乃至刻意回避。儿时的他就喜欢跑出大宅院，和胡同里贫穷人家的孩子们一起玩耍嬉戏；上学后，给同窗们留下的竟然是憨憨的印象；入党时，他婉拒了记者拍照采访的请求；带领年轻人理论攻关的"老邓"，可敬、可亲又可爱；转入技术攻坚，轻松自然与工人、司机师傅打成一片……不搞特殊化，不要出风头，是邓稼先坚持了一辈子的习惯，即使到了生命的最后时光，也依然故我。

做完大手术两个月后，恰逢党内开展整党工作。按照组织要求，每个党员需要学习相关文件，并认真填写《党员登记表》。考虑到邓稼先的身体情况，组织上特意叮嘱，文件不必学习，登记表也可以由其他同志代为填写。邓稼先并不同意接受这样的照顾。当年，即使在基地工作最为紧张的时候，他也坚持参加组织生活。工作再忙，他也尽可能不缺席基层党组织的各项活动。这一次，他仍不想例外，只要自己还没有失去看书写字的能力，活着就得恪守一个普通党员的本分。于是，邓稼先托司机老任送来要求学习的文件和空白登记表，先是从头到尾认真地学习了一遍文件，而后工工整整地填写了《党员登记表》。

1985 年 11 月 1 日重病在身的邓稼先坚持亲自填写《党员登记表》

　　表格里，邓稼先一丝不苟地详细报告了个人经历，认真总结了自己在整党中的主要收获，并郑重写下了今后的努力方向，近千字的内容密密麻麻地填满了整栏。邓稼先向组织庄严承诺："努力学习马克思主义理论，学习党的文件，学习《邓小平文选》，按照小平同志的要求，努力做到'根据它的基本原则和基本方法，不断结合变化着的实际，探索解决新问题的答案'。要加强党性锻炼，在端正党风、遵守党纪方面，从现在做起，从自己做起，保持好革命晚节，为实现共产主义远大理想贡献自己的力量。支持年轻同志走上领导岗位。改革创造，开拓前进，自己虽身患癌症，而矢志不移，尽量做些力所能及的科研工作，为祖国的社会主义现代化事业而努力奋斗。"

　　也许这段文字中，除了"身患癌症"，其他的语句看上去并没有什么特别，大多数共产党员也会无数次将这样的句式写进自己的各类总结。但是，当这些话的后面署上了"邓稼先"的名字，当以上承诺与中国核事业从无到有、飞速发展的进程紧密联系在一起，一切就有了完全不同的重量——它是一个功勋卓著的科学家用全部的人生去写就和践行的，即使生命行将走到尽头，他也依然满怀对党和人民忠贞不渝的感情，矢志不移，决意向前。九院党委收到这份登记表，所有同志无不为之动容。大家禁不住感叹："要都像老邓这样，哪里还用得着整党？"

对"普通"的认同，是一种鲜明的价值观，它蕴含着一个人对金钱、地位、名誉的基本态度。这种态度始终融于邓稼先的血液之中，自然流淌，从来无须刻意追求。

普通人的自在，邓稼先乐在其中。融入人群之中，做自己喜欢的事，似乎很容易给他带来内心的畅快。无论是逛逛地坛庙会，尝尝各式小吃，还是邀上亲朋好友，畅饮几杯好酒，都是他的心中乐事。工作再忙，也要忙里偷闲。不忍放弃一场精彩的女排决赛，宁愿看完后再去熬夜加班。中国队得了分，电视机前的他竟像个孩子似的，高兴得站起来鼓掌。喜欢看京剧，得了空就拉着同事们去剧场门口等退票。他总是一边手里高举着钱，一边用标准的京腔不停地高喊："有富余票吗？"那架势俨然是一位经验丰富的"钓票"高手。对此，他不仅不会害羞，还兴趣盎然、一本正经地向他人介绍经验，如何从神情和脚步上判断来人是否有票要退。这令性格腼腆的于敏佩服得五体投地。相反，在亲自参与撰写的许多方案上，他常常不署名或把自己的名字放在最后。需要出头露面的时候，他总是躲躲闪闪。一位司机师傅打趣地说："老邓刚当院长的时候，主持大会讲话还脸红呢！"

普通人的闲适，邓稼先心向往之。工作繁忙时，求而难得。他会抓紧回北京开会仅有的闲暇，拉着妻子去颐和园逛一逛。尽管这里是之前来过无数次的地方，他仍兴致勃勃。夫妻二人漫步在后山蜿蜒的小路上，夕阳西下，余晖之中的一切都被镶上了温暖的轮廓。未及走到最高处，邓稼先已经有些不支。于是，夫妻二人选了一块干净平坦的大石坐下来歇息。妻子剥开一个橘子递了过去。邓稼先举目远眺，欣赏着颐和园的湖光山色，却在不经意间轻轻地叹了一口气，喃喃地说："多恬淡，多悠闲，要能老是过这样的生活该多好啊！"这样的时刻，这样的生活，邓稼先甘之如饴，却只能将它放在内心的偏远一隅。而等到他再次和妻子重游故地，已届生命的最后时光。

普通人的平凡，甚至辛苦，邓稼先受之坦然。了解他的人都清楚，老邓乐于和大家一起吃苦，绝不愿享受特殊。核试验之前紧张忙碌，常常忘了吃饭。炊事员为他端来一碗汤，老邓总是免不了要问一句："大家都有吗？"得到肯定的回答，才肯安心地喝上一口。回到北京，但凡需要出门，他便一直保持着近路骑单车、远路坐公交车的习惯。私事自不必说，即使冒着滂沱大雨，心急如焚地赶往医院探视生病住院的妻子，他也宁愿淋雨挤公交，而不肯向单位申请一台专车。就算是为了工作，如非必要，他也总觉得坐公交来得更加方便自在。如果需要留在北京工作一段时间，他一定是要去买一张汽车月票。在他生命的最后

1986 年 2 月邓稼先、许鹿希夫妇在
北京颐和园

一年——1986 年春节临近的时候，邓稼先约了一位同志到家里谈工作。当这位同志下了公交车，竟吃惊地发现，邓院长也从同一辆车上艰难地挤了下来。他这是刚从北京图书馆查阅资料回来。一个随身挂着引流瓶的癌症晚期患者，一个 62 岁的老人，二机部九院的院长，中国核事业的开拓者，以上诸多身份，无论哪一种，邓稼先都有充分的理由和完全的资格申请一辆工作用的专车，可他还是自然而然地选择了挤公车，不得不说，这是一种近似"顽固"的习惯。

在邓稼先特殊的观念体系中，奉献和索取似乎没有天然的联系。对他而言，自己为国家做出的所有贡献，都是分内之事，是有意义的事，甚至是幸运的事。这些工作以及贡献丝毫不会成为自己享受特权的资本。相反，只要是做错了事情，或违反了规定，该批评的，他都会欣然接受，这是他为人的本色。小时候，因为踢球弄碎了教室的玻璃，他老老实实独自留在走廊里罚站，直到大姐找到学校，赔了钱，把他领回家。在马兰，枯燥的工作令人身心俱疲，邓稼先偷偷拉上李医生去湖边游泳。他们来到美丽的博斯腾湖畔，迫不及待地跃入水中，让清凉的湖水完全地包裹住身体，缓解周身的疲惫。正当尽兴之时，李医生忽然发现山坡上有一队黑点朝湖边移动。他立刻感到有些不妙，赶紧催促老邓上岸穿好衣服。果不其然，那些移动的黑点正是奔驰的巡逻车。眨眼间，警卫营副营长带着一个排的战士就到了眼前。副营长毫不留情地训斥了他们，批评他们公然违反纪律擅自到如此危险的地方来。虽然此时的邓稼先已经身为中央委员，但他认为警卫营的同志批评得完全正确，便灰溜溜地保持着沉默。类似的事情并不鲜见。病重住院以后，邓稼先仍想在病床上坚持完成自己的著作。他拜托李医生和同事带来许多参考书和杂志，俨然忘记了自己是一个不堪

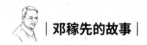

劳累的病人。医院规定，桌子上不准摆放任何工作用书。小护士们不讲情面，非常严肃地批评了这位"公然违反规定"的首长。于是，邓稼先老老实实把书和资料塞进了壁橱和衣柜，并用挂着的衣服遮盖起来。为了写书，他只能和医生护士打起了"游击战"，经过细心观察，他终于摸清晚上8点以后进入相对安全期。过了这个时间，他才偷偷干一点自己喜欢的事情。

直到去世前的一个月，中央军委决定对邓稼先解密。1986年6月24日，《人民日报》《解放日报》等官方报纸在头版报道了邓稼先的先进事迹。他的不凡成就终于为世人知晓。

邓稼先默默无闻了一辈子，而他发自内心地喜欢做一个"普通人"。

4
一世书缘

书，只是一种精神内容的物质载体，对于不同的人，也许有着不同的价值——可以是工具，可以供消遣，也可以是装饰，抑或是某种精神的慰藉与寄托。而对邓稼先而言，书是一种特殊的存在。

从儿时起，他就在父亲的引导下，尽情徜徉于浩如烟海的经典之中。熟读四书五经，背诵诗词歌赋，博览外国名著。可以说，邓稼先一生至纯的生活态度、爱国奉献的高尚情怀，多多得益于书中智慧对他的陶冶熏染和启发引领。中学时代，邓稼先就常用屠格涅夫《罗亭》中的名句"不要做言语的巨人，行动的矮子"激励自己。在日寇统治下的北平，他冒着风险去旧书摊上搜寻进步书籍。大量的阅读使他思想活跃，也引导他更多地思考人生和社会问题。西南联大时，物质匮乏，好书难求。借得一本爱不释手的书，他便将全书重要之处一字不漏地誊抄下来。他无数次和好友杨振宁一起捧读齐诵那些优秀的古典诗集。留学归来，除了少量生活用品，他的行李里塞满了书籍杂志。承担原子弹研制工作之后，只要有机会回到北京，就要挤出时间来去图书馆、逛书店。即便是生命的最后一年，也始终未改对书的惦念与喜爱。

邓稼先一生爱书。也许在他眼中，书从来就不是一方死物。

书是认真的讲述者。无论是作者字斟句酌，将情感和思想付诸精彩的文字，还是画者具象化了内容，将文字的意境呈现为精致的封面，都可能

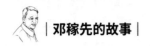

成为邓稼先对某本书一见倾心的理由。邓稼先是一个真正爱书的人。他爱书，就像是不舍错过每一次与作者心灵交汇、智慧碰撞的机会。他读书，是真正用心去共情，用脑去思辨。在书海中畅游，他似乎总能汲取到有用的知识，为自己思想理论体系的大厦添砖加瓦。除了大量的专业用书，政论、小说、古典诗词、外国文学，乃至音乐、围棋，邓稼先涉猎广泛。

书是邓稼先性格多样、命运多舛的朋友。那些精彩的情节与文字，总能激发出他强烈的情感共鸣，借以寄情抒怀。在经历第二次大手术之后，邓稼先的身体极度虚弱，思绪时常陷入回忆。他平静地问坐在床边的邓李捷：《大卫·科波菲尔》这本书你读过吗？""读过。"年轻的小捷笑着随口答道，好奇地期待着邓稼先下面要说的话。"那么，我来给你背一段，你听听。""背一段？"小捷惊讶地感叹。邓稼先没多解释什么，开口便用流利的英语背诵起来：O Agnes，O my soul! So may thy face be by me when I close my life indeed; so may I，when realities are melting from me like the shadows which I now dismiss，still find thee near me，pointing upward!（噢，艾格妮丝，噢，我的灵魂。当我的一生真正完结了的时候，但愿你的脸也像这样在我身边！当现实的一切都像我此时抛开的影子那样在我眼前融化散去时，但愿我依然见到在我身边向天上指着的你！）小说中艾格妮丝是大卫·科波菲尔一生钟爱的妻子，二人青梅竹马并结成幸福的伴侣。这样的英文段落，邓稼先可以信手拈来。而此时，他却选择了小说的最后一段。也许，借由小说的情节与意境，病床上的他在回忆青春之浪漫，讲述爱情之美好，倾听之人却能感受到如此强烈的不舍与悲伤。

书是邓稼先忠诚相伴、不离不弃的战友。躺在病床上的他只能疲惫而无力地闭上双眼，手却总是摸索着握住放在床边的一本《简明核工程手册》。这本工具书显然已经被用得很旧了，上面有从事核工业研究常用的各类数据。这本手册和另一本《量子场论》是几十年来邓稼先无论走到哪里，都要随身携带的"法宝"，是邓稼先无数次进行粗估时必不可少的工具。二十多年来，邓稼先做过的粗估多如苍穹繁星。如此想来，这两本工具书也可以算得上中国核事业的"有功之臣"。

相中的好书就像邓稼先心心念念的故友，想方设法都要"相见"。邓稼先常年身在基地，只能托人买书。葛孟曾是邓稼先的表侄，亦是书友。因为同样爱书，他们常常在书店不期而遇。尤其是王府井的外文书店，邓稼先常去那里寻找一些物理学的原版书。身为中学老师的葛孟曾常向这位叔叔请教理论物理的专业问题，也从邓稼先的解答中受到很多启发。他义不容辞地担负起了帮表叔买书的重任。为了买一本《近代统计物理》，邓稼先跑了很多次书店，都无功而返。于是，葛孟曾时时处处留心，终于买到并送到表叔手中。他喜欢看到表叔因为得到一本好书而开心的样子，那脸上洋溢的是一种发自内心的喜悦，不经意间说话的嗓门也会提高很多，自己也会被不知不觉地感染。

1986 年夏天，邓稼先又发现了一本好书——《基本粒子物理的规范理论》，这是他研究规范场论需要的参考书。可是，病重的他已经完全没有力气再去跑书店了。他拉着葛孟曾的手，说："孟曾啊，你无论如何要帮我把这本书买到。"葛孟曾郑重地点点头，他实在太能理解表叔爱书的急切心情。此后，他几乎跑遍京城的所有书店。遗憾的是，一直没能买到。这使他每次走在医院病房前的楼道里，都心怀忐忑，生怕见面后表叔会问起书来，更怕面对表叔一次又一次失望的表情。因为每次当他硬着头皮走进病房时，邓稼先都不出意料地会问："孟曾，那本书买到了吗？"语气总是

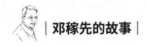

满怀希望，满含急切。葛孟曾每每只能低下头，轻轻地说："书还没有来。"邓稼先便又一次失望了。

功夫不负有人心。当葛孟曾终于在书店找到这本书的时候，真的是欣喜若狂。拿到书的那一刻，这个年届半百的中年人已经完全顾不上自己的体弱和疲惫，奋力挤上拥挤的公交车，在夏日的骄阳下一口气跑到换乘的车站。他的迫切只为尽快赶到医院，早一点让表叔品尝到如获至宝的喜悦。

天意弄人。当葛孟曾赶到医院，疾步冲到病房前的走廊上，却被一种异样的气氛凝滞住了脚步。一些人肃立在病房外，房门大开着，屋内站满了人，却听不见说话的声音，只有隐隐的哽咽和啜泣声。葛孟曾顿时僵在了原处，眼泪夺眶而出。最终，他还是没能来得及把书交到表叔手中，没能看到表叔了却心愿的笑容。表叔就这样带着深深的遗憾走了……

5

父女情深

病重的邓稼先已经十分虚弱，连下床走上几步都会出一身大汗。被困在病床上的他，只有思绪是可以自由驰骋的。几个月来，他越发思念亲人，尤其是远在美国求学的女儿典典。回忆中与女儿相处的点点滴滴，时常浮现在眼前，为他带来许多慰藉……

1954 年 10 月，邓稼先夫妇的第一个孩子出生了。他们给心爱的长女取名邓志典，并亲昵地叫她"典典"。女儿的到来，无疑给这一对从事科研工作的夫妻带来了别样的欢乐。

邓稼先每天下班后的第一件事，就是陪孩子玩耍。当不满周岁的典典第一次开口叫"爸爸"，他开心地像开启了一个巨大的宝藏，激动地用自己的大手扶住女儿的肩膀，充满爱意地望住她忽闪忽闪的眼睛，连连说："典典，再叫一声，再叫一声！"乖巧的典典似乎能够感受到父亲的兴奋，再次大声叫他："爸爸！"邓稼先高兴地哈哈大笑，忍不住将孩子高高举向空中，又在她的小脸上亲了又亲。典典也随之发出银铃般的笑声。这样的幸福场面几乎每天都在上演，并且被这个充满孩子气的父亲不断推向"新高度"——随着女儿语言的不断丰富，邓稼先已经不满足于女儿只叫一声"爸爸"了，而是要升级为"好爸爸""非常好爸爸""十分好爸爸"……，直到自己也想不出更多的形容词，才不得不打住。父女俩总是沉浸在这样简单而又轻松的欢乐之中。

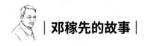

可是，这一切在 1958 年那个夏日的傍晚突然间戛然而止。这一天，邓稼先下班比平时晚。他轻轻地推开家门。4 岁的典典正和 2 岁的弟弟平平玩游戏，一看到爸爸，便如往日般笑着，大声叫着"爸爸！爸爸！"跑过去扑进邓稼先的怀里。邓稼先搂着孩子们，轻柔地在姐弟俩的小脸上亲了亲，然后缓缓站起身，拍拍他们的小脑袋，说："乖，去玩吧！"懵懂的典典望着父亲疲惫的脸，拉着弟弟安静地走开了。4 岁的她哪里知道，父亲很快就要从自己的身边消失了……

自从邓稼先接受了研制原子弹的重任，便开始全身心投入工作。他每天早出晚归，夜以继日，再也无法尽情享受儿女绕膝的快乐。对孩子们，只有无法陪伴的愧疚。一天，他拖着疲惫的身体工作到深夜才回家，竟发现 5 岁的女儿和 3 岁的儿子互相依偎着，坐在家门前的楼梯上睡着了。他这才猛然间想起妻子的嘱托，让他在吃晚饭的时间回趟家，为孩子们打开家门。刹那，他的泪水几乎要夺眶而出。他连忙掏出钥匙打开家门，轻手轻脚地把孩子们抱上床，盖好被子，之后久久地坐在床边没有离开。他深知，自己一旦进入了工作状态，就不容再想别的，理论攻关万分艰难，他必须让整个思维被数据、公式、理论模型全部占据，进入完全的"忘我"之境。在这种全身心投入的状态下，他无法分出心思顾及妻儿。可即便是责任使然、无心之过，他依然心存内疚。夜已经很深了，邓稼先全无睡意，只定睛凝望着熟睡中孩子们的脸。

"文革"开始后不久，时任系党总支书记的妻子许鹿希被打成了"走资派"，下放到天津茶淀农场劳动改造。没了妻子这个顶梁柱和主心骨，家便散了。1968 年的冬天，心爱的女儿典典也被下放去了遥远而艰苦的内蒙古生产建设兵团。这时的典典还不满 15 岁。邓稼先得知后心如刀绞，却又无可奈何。女儿出发的那一天，邓稼先默默为典典打点好行装。送行的路上，他始终替女儿背着行李，陪她坐上公共汽车，一直送上火车站台。此时的他只想尽一个父亲所能，哪怕只能再为女儿多做一点点！每次有机会从基地返回北京，邓稼先只能先把住在爷爷家的儿子平平接回家。如今，家已不家——一家四口分别待在四个地方，房子空荡荡的，空气里没有丝毫生活的味道。父子俩宁愿在阳台上静静地站着，好久好久……

此去经年，在青海戈壁滩里艰苦攻关的邓稼先常常抑制不住对女儿的思念。只要有赶着牛羊的牧民从身边经过，他就禁不住会想起自己的典典。稚嫩的女儿正远在内蒙古乌拉特前旗乌梁素海边，经受着本不该她这个年纪经受的磨难——每天干着挖水渠的重体力活，却过着吃糠咽菜的生活。连队的粮食供给短缺，吃完了，就只能吃野菜和糠做的窝窝头，一吃就是一个星期。要知道，她还是一个正在长身体的孩子啊！每每念及此，邓稼先的心都要碎了。他的眼前，常常出现幻象，仿佛看见女儿就站在那群牛羊旁边，对着他回眸微笑，那笑容还像小时候那般灿烂……在一次回京的路上，邓稼先特意绕远

1962 年邓稼先一家于北大朗润园
（前排左一为 8 岁的典典）

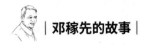

道，去内蒙古乌拉特前旗看望亲爱的女儿。邓稼先几乎要认不出自己的典典。瘦小的身体外一身军装显得十分宽大，大草原凛冽的寒风和强烈的光照让她的脸看上去又黑又黄，原来一头粗黑浓密的秀发也变得稀疏发黄，只能挽成细细的麻花辫，从耳际垂向胸前。只有那两只眼睛依然灵动有神，神情也变得更加成熟懂事。邓稼先心疼地说不出话来，两眼噙满了泪，他连忙掩饰着低下头去，把旅行袋里装的平时自己舍不得吃、悄悄攒下的军用罐头统统拿出来，摆在桌上，一个一个地打开，推到女儿面前。女儿狼吞虎咽，几口就吃完一听。邓稼先默默地看着，拼命地压抑着自己的情绪。直到坐进吉普车，望着后视镜中女儿的身影渐渐远去，邓稼先再也按捺不住内心的痛楚，竟放声大哭起来。作为一个父亲，他的内心充满了愧疚，可作为一个核武器研制工作的领导人，他什么也不能说，也不能改变什么。唯愿女儿能像戈壁滩上的马兰花，任凭风吹雨打，依旧乐观坚强，茁壮成长。

经受了长达五年的人生磨难，典典因患上了青光眼，才得以从内蒙古复员返回了北京。回京后，她被分配进一家纸箱厂，做了一名普通工人，一干就是四年。然而，典典是最像父亲的，她的内心深切渴望着能像父母亲那样博学而优秀，生活也造就了她不服输、不畏难的倔强个性。她在等待着继续学习深造、知识改变命运的机会。终于，机会来了。1977 年全国恢复高考。典典立刻燃起了重新学习、迎接挑战的干劲与热情。可是，说易行难。"文革"开始后，学生们便因为学校混乱而几近辍学，她又在小小年纪被下放去了内蒙古。所以，严格意义上说，如今的她只有小学毕业的文化水平，要挑战高考，谈何容易！要用短短一年时间补习完所有的中学课程，简直难于登天。眼前，只有一条路，那就是拼命！

纸箱厂的本职工作必须不折不扣地完成，学习只能利用工余时间。典典采取的策略是每天下班后先吃饭睡觉，养精蓄锐，半夜 11 点，准时起来读书学习。最大的难关是物理，这是中学才开始学习的新科目，

邓稼先与女儿邓志典

典典完全没有基础。面对一个对物理学科一无所知，连牛顿定律都不知道的学生，竟然没有老师敢担此重任。因为他们完全没有信心，更不知道该如何安排，才能让典典能在一年里补习完中学所有的物理知识。无奈，邓稼先决定亲自上阵！赶巧他手头有工作，需要在北京住三个月。学生有了，老师有了，上课时间也有了，教材该怎么解决呢？于是，邓稼先就骑着自行车到路边的旧书摊上去找。终于，功夫不负有心人，他找到了一本老旧的物理课本，内容竟然还是用半文言写的！典典拿到手一看，来了情绪，大笑着说："爸，您能趸摸到这本书可真不容易，这可是老古董啊！您瞧这儿，压强之方程式如下。"一边说，还一边学着老夫子的样子煞有介事地摇头晃脑。邓稼先被女儿逗得哈哈大笑，说："典典，别小瞧了这本书，我可仔细看了，它虽然看起来有点儿老气横秋的，但写得却是有板有眼，深入浅出，算是一本上等的好教材！"之后，邓稼先就用这本教材，在每天晚上忙完自己的工作后，赶回家给女儿上物理课。说实话，让一个搞尖端科学的院士来教中学物理绝非易事，因为师生之间存在着知识基础和学科内话语体系的巨大差异。也许，只有真正的大师才能将自己掌握的海量而高深的理论知识"降维输出"，把知识与生活紧密联系起来，对一

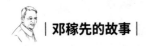

个孩子进行物理学的开蒙教育吧。邓稼先做到了。

可是不久，新的困难出现了。那个年代，人们家里还没有电视机，群众最喜闻乐见的文化活动要算是看露天电影了。轮到放电影的日子，整个家属大院似乎都要沸腾了。天刚擦黑，院子里空地中间就支起了放电影的巨大白色幕布，人们也早早地带着自家的板凳占好有利的观影位置，银幕的正反两面处都挤满了观众。且不说大院里的老老少少，就连院子外的居民也闻讯赶来。没有凳子的就站着，没地方站就挤在阳台上、窗户边，甚至爬到大树上、围墙头，真是人声鼎沸，好不热闹！邓稼先一家住的房子离这片空地近在咫尺。尽管典典早已将门窗紧闭，拉上窗帘，可电影的对白、音乐声还是能顽强地穿透门窗缝隙，清晰可闻，弄得邓稼先讲课的声音都不得不高八度。典典有些烦躁地皱起眉，心里直犯嘀咕：这么吵，还怎么学习啊！可看到爸爸心无旁骛的样子，便好奇地问："爸，外面乱哄哄的，你怎么能专心讲课，好像什么都没听见？"邓稼先微笑着，并没有直接回答女儿的提问，而是问："典典，你知道陶渊明的那首《饮酒》吗？结庐在人境，而无车马喧。"他一边故意放慢语速，一边用期待的眼神望向女儿。典典立刻会意，应和上爸爸的节奏，接下去背诵起来："问君何能尔，心远地自偏。"接着，父女俩会心一笑。典典说："爸，我懂了。一个人无论是学习，还是做事，都得要有'心远地自偏'的修养和境界，否则，是做不好任何事的。"

父女俩几乎天天学到凌晨三四点，就这样共同"拼命"了三个月。典典创造出了小小的奇迹，竟然在父亲的帮助下"速成"了中学五年的物理课程内容！在父亲离京后，典典继续苦读，终于在一年后的1978年，和弟弟邓志平同时收到了大学录取通知书。传承母亲的衣钵，典典从此步入了医学殿堂。

　　大学期间，典典因学习成绩优异，获得了赴美攻读研究生的机会。1985 年赴美读研的前一天，和父亲的一席谈话，令她终生难忘。典典清楚地记得，那天晚饭后，她正梳理着刚刚洗过的长发，却通过镜子看到身后的父亲向自己投来殷切的目光。她连忙转过身去，迎住父亲的视线："爸，您有话对我说？"这时，邓稼先缓缓地开口问道："典典，你看过《走向深渊》这部电影吗？""看过呀！"典典不假思索地立刻答道。话音落后，只略做停顿，典典就迅速地反应过来，大声说："放心吧，爸，我不会的！"父女俩这心有灵犀的一问一答，简单之极，含义至深，旁人可能很难听懂。原来，邓稼先提到的《走向深渊》是一部外国电影，电影的男主人公是一位来自非洲并从事机密工作的工程师。他的爱人前往欧洲学习，国外情报机构抓住她追求物质生活、迷恋花花世界的弱点，一步一步将夫妻二人双双拖入了特务网，成功窃取了重要机密。邓稼先的教育方式总是如此简单而又意味深长，此时的他只是借用这个电影故事委婉地提醒女儿，未来不管身在何处，面对什么样的诱惑，都要时刻警惕，牢记自己的身份和责任，不做任何对不起祖国和人民的事情。

　　典典没有想到，自己离开仅仅一年，就要面对与父亲的永诀。1986 年7 月，她突然接到妈妈打来的越洋电话，说爸爸的情况不太好，要她立即动身回国，已经替她订好了回程的机票。一种强烈而不祥的预感立即涌上了典典的心头，不知不觉间泪水已经不听话地盈满了眼眶。十多个小时的飞行完全是漫长难挨的煎熬，典典从未觉得太平洋是如此地难以逾越。她恨不能插上翅膀，立即飞回到父亲的身边。20 日凌晨，典典搭乘的航班终于落了地。她顾不上时差和旅途带来的疲惫，只想立即见到父亲。妈

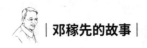

妈异常冷静："典典，你先回家休息一会儿吧，爸爸现在也在休息，明天上午咱们再去医院。"其实，许鹿希是为了让父女俩见面时都能平稳些心绪，特意安排了次日上午 10 点钟的见面。虽然做了足够的心理准备，慢慢走进病房的典典，一看见父亲虚弱憔悴的样子，还是忍不住扑到邓稼先面前，与他抱头痛哭起来。在场的人无不为之动容。这是两个至亲至爱的人至纯至真的情感迸发，是任何理智都难以控制和无法掩饰的。终于见到了自己日思夜想的女儿，邓稼先轻轻地拍着典典，安慰说："好孩子，别哭了，爸爸没事儿。来，和我说说，你在美国一切都好吗？"典典拭去脸上的泪水，略略稳了稳心神，微笑着和爸爸聊起天来，恢复了父女俩往日的模样。她完全没有询问父亲的病情，而是开始向父亲报告她在美国一年的学习生活。她如数家珍，告诉父亲研究生阶段要学多少门课，哪些是国内就学过的，内容很熟悉，只要将它们翻译成英文就可以了；而哪些是新开设的课程，内容如何有趣，在学习上遇到了哪些困难，自己又是如何克服的。另外，自己在美国生活得很节俭，一点儿也不羡慕洋玩意儿和追求高消费，自己从国内带去的衣物够穿够用，如此等等。她依旧是能与父亲心灵相通的小典典，知道父亲最关心的是什么。邓稼先饶有兴致地听着女儿的讲述，脸上满是欣慰的笑容。他们又一起沉浸在过往美好的回忆中。典典坐在床边的椅子上，将头乖巧地靠在父亲的手臂上："爸，我在美国常常想起您教的那句诗：'问君何能尔，心远地自偏'。"

就这样，典典在父亲身边，陪伴他走完了人生的最后九天。

邓稼先的一生奉献给祖国的核事业，陪伴妻儿的时间屈指可数，可就在这有限的时间里，他言传身教，对孩子们品德上的教育和学业上的帮助令他们受用终生。

6
半个世纪的友情

在邓稼先生命的最后一年，与挚友杨振宁的会面成了为数不多令他开怀的事情。虽然自 1949 年分别之后就鲜少谋面，可千山万水也难以阻断二人长达半个世纪的深情厚谊。

杨振宁出生于 1922 年 10 月 1 日，长邓稼先两岁。父亲杨武之早年留学美国，先后就读于斯坦福大学和芝加哥大学，获得数学博士学位。杨武之回国后，先在厦门大学任教，1929 年因受聘于清华大学，携全家前往北平，住进了清华园西院 11 号。而同年接受清华聘请的邓以蛰则搬进西院 9 号。邓以蛰和杨武之两位教授既是安徽同乡，又有着相似的海外留学经历，如今又成了同事兼近邻，很快就成为志趣相投、交情甚笃的好友，这样的深厚友谊自然而然地也延续到了孩子们身上。

1936 年，初中二年级的邓稼先由志成中学转入了崇德中学。当时的杨振宁在同校就读，是高两个年级的学长。

在他人眼中，这二人可谓性格迥异。杨振宁机智灵巧，主意多，有能力，俨然是个"机灵鬼"；而邓稼先忠厚老实，人称"邓老憨"。也许恰恰是因为这些差异，二人之间形成了绝妙的互补——常常一边是杨振宁指手画脚、口若悬河，另一边是邓稼先面带微笑、洗耳恭听，相处甚是自然和谐。学习之余，两家的男孩子们总爱玩在一处，或专注地趴在地上弹玻璃球，或以手代拍，对着墙来回击球，再或者一起谈天说地，不亦乐乎。十多年后，当杨振宁、杨振平兄弟和邓稼先三人相聚在美国芝加哥大学的校园里，还忍不住重温一番儿时共同游戏的快乐。舐犊情深的母亲时常做些可口的饭菜送到学校给邓稼先吃。每逢此时，邓稼先总是不忘要叫上杨振宁一同享用。母亲就静静地站在一边，微笑着看着他俩狼吞虎咽地把饭菜全部吃光，才收拾餐具离开。

已赴美留学的邓稼先（左）与杨振平重温儿时弹球游戏
（1949 年摄于芝加哥）

对于生性爱玩的邓稼先而言，如果说其童年时代的学习主要得益于他聪颖的天资与父亲的严格，那么进入中学，尤其是在转入崇德中学之后，他的学习动力则慢慢转变成内在的兴趣。而引导和激发这种兴趣的关键因素之一，就是杨振宁的帮助。成绩优异的杨振宁作为一个邻家大哥，始终对邓稼先照顾有加。邓稼先对他也十分崇拜，多年以后还常说："振宁是我的课外老师。"受到杨振宁的指导和影响，邓稼先在理科，尤其是数学方面的兴趣陡增，甚至到了着迷的程度，常常演算习题到深夜。

考入西南联大后，最令邓稼先高兴的，是可以再次与杨振宁同校学习生活了。此时的杨振宁已是联大物理系三年级的学生。

多年以后，邓稼先依旧清楚地记得，当时联大借用了昆华中学的校舍，它的东面墙根下有一棵大树。就是在这棵树下，他和杨振宁常常并肩而坐，切磋学业，交流心得，无话不谈。而他们最常做的一件事，就是一起研习古诗。古典诗词是二人的共同爱好。他们常常一人手持诗集，另一人大声诵读，及至精彩之处，便成了二人慷慨激昂的合诵。在那样一个战乱频仍的年代，两位知识青年内心的愤懑、不安、志向、希望，在那些或雄浑豪放、或柔情深沉的辞赋之中，找到了强烈的共鸣。

杨振宁在学业上似乎从未停止过优秀。早在 1940 年 11 月 3 日，重庆《新华日报》就登载出一则消息："'穆藕初先生奖学金'首次得奖者已决定农科一名中大刘有成、理科一名联大杨振宁、经济一名联大周大晶。"邓稼先入学第二年的夏天，杨振宁本科毕业，接着进入联大研究院理科研究所物理学部（即清华大学物理研究所）读研究生，师从王竹溪教授，并于 1944 年获得硕士学位。1945 年，杨振宁获"庚子赔款奖学金"，赴美留学，就读于芝加哥大学。1946 年，联大毕业后的邓稼先回到北平，于北京大学任助教。第二年，他也顺利通过了赴美研究生考试。而对于究竟选择哪一所大学就读，他自然而然地想到了征求杨振宁的意见。深思熟虑后，杨振宁很快回了信，建议邓稼先选择位于印第安纳州的普渡大学，并详细陈述了理由：一是普渡的理工科水平和实力在全美乃至世界都名列前茅；二是普渡的收费相对低廉，对自费留学生更为合适；三是普渡所在的西拉法叶城距离自己学习的芝加哥大学只有大约 170 千米的路程，方便彼此照应。这一番设身处地的分析考量，从学业到生活，绝对称得上周到贴心。在邓稼先的心目中，杨振宁一直是挚友，是兄长，是自己信赖的学业上的先行者和引路人，是值得自己崇拜的人。一收到邓稼先认可的回复，杨振宁便马不停蹄地为其申请到了普渡大学研究生院博士研究生的入学许可，同时，也设法为弟弟杨振平拿到了布朗大学的半额助学金。

1948 年 10 月，邓稼先与杨振平结伴从上海乘船前往美国。他们二人对大洋彼岸的陌生国度似乎没有过多的忐忑与不安，因为那里有他们的大哥杨振宁。初到普渡的邓稼先还是自费留学生，生活十分拮据，连一日三餐也得计划消费。杨振宁不仅要照顾弟弟杨振平，对邓稼先也不忘时常接济。这一点在冯友兰先生写给儿子的信中得到了证实。

冯友兰教授曾任国立西南联合大学文学院院长，与邓、杨两家都有不错的交情。他在 1948 年寄给儿子的信中提到："现在朋友中的子弟出国成绩最好的是杨振宁，他不但成绩好，而且能省下钱来帮助家用，又把杨振平也叫去了，又帮助邓稼先的费用。"归国后的邓稼先也时常回想往事，并多次对自己的妻子说："杨振宁对我们家是两代的恩情啊！"

1949 年夏天，是邓稼先入学以后的第一个暑假。已经博士毕业的杨振宁在芝加哥大学附近租下了一个小公寓，将邓稼先和弟弟杨振平接来小住。一个夏天，同住一个屋檐下的三个年轻人，自己动手烧饭做菜，一起游泳、聊天，还时常一边漫步芝大校园，一边回忆和重温快乐的少年时光。杨振宁依然是个有心人，他不失时机地拍下了那些珍贵瞬间，成了一生永恒的纪念——在二人家中，一直珍藏着当年他们合拍的那些照片。

自联大毕业之后，邓稼先终于又能与杨振宁促膝深谈。他向杨振宁汇报自

1949 年夏，杨振宁、邓稼先、杨振平（从左到右）在芝加哥大学合影留念

己的学业进展，征求专业发展方向的建议，交流对国际国内政治时局的看法，讨论未来人生的打算。

三个人也许不会想到，他们一同度过的这个快乐而又难忘的夏天，是他们在美国，也将成为这一生最尽兴，也是时间最久的一次相聚。此后不久，杨振宁便前往新泽西州的普林斯顿高等研究院开始了自己的博士后研究工作，而邓稼先则全身心投入博士论文的研究与写作之中，并在取得博士学位的第九天就启程归国。

从此，邓稼先与杨振宁的人生几乎平行相隔在大洋两岸。而等到下一次的交汇，已经是 21 年后的事了。此时的杨振宁已成为大名鼎鼎的科学家、年轻的诺贝尔奖得主。他与李政道因提出"宇称不守恒定律"而共同获得 1957 年诺贝尔物理学奖。

1971 年夏天，杨振宁冒着巨大的政治风险，成为首个访问新中国的美籍学者。他的行程是从美国经巴黎飞抵上海。自从他 1945 年赴美留学，转眼已阔别祖国 26 载。26 年，虽然在历史的长河中不过是短短一瞬，但对于个人和国家的命运而言，足以发生沧海桑田的巨变。这是他摘得科学桂冠以后，第一次踏上祖国的大地、新中国的土地！

刚下飞机，稍事休息，外事接待人员便礼貌地请杨振宁开列了一份他想见的朋友名单。长长的名单

1957 年杨振宁、李政道共同接受诺贝尔物理学奖颁奖

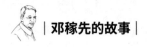

上，他想见的第一个人就是邓稼先。

然而，此时的邓稼先究竟身在何处，又如何通知？工作人员有些茫然无措。于是，这份名单被送到了周恩来总理的案头。

杨振宁怎么也不会想到，此时远在大西北的邓稼先正陷入一场险恶的政治危机之中。而他的这个见面请求，竟然无意间成了一道及时的"救命符"。

1971 年的夏天，林彪集团对九院高级专家们的批判、围攻不断加剧。而正当他们处境日益险恶的时候，基地收到了周恩来总理发出的指示，将邓稼先紧急召回北京会见外宾。

就这样，邓稼先和杨振宁终于会面了。这是二人自美国分别后的第一次相见。恍然间，昔日那个一身西装、风华正茂、英俊潇洒的年轻人，已然成了眼前这位衣着朴素、年近半百的中年人。杨振宁心中感慨万千，真的是世事沧桑啊！

老友相见，相谈甚欢。言语之间，邓稼先无法掩饰阔别 22 年来对这位兄长、挚友的思念之情，话也不经意多了起来。但杨振宁很快就察觉到，邓稼先的诸多话题中，唯独不涉及工作，只说自己在外地，一个京外单位，便不再多说。

杨振宁心里自然十分清楚其中缘由，这证明自己的猜测是对的。自1964 年 10 月中国的第一颗原子弹爆炸成功后，美国的报刊早已连篇累牍地报导了这个惊天动地的大事件，文中再三提到此项事业的重要领导人就是邓稼先。当然，美国人又以他们惯有的骄傲态度，言之凿凿地断言，其中必有美国科学家的参与，中国是不可能完全依靠自己的力量来完成如此艰巨的工程的。对于前者，杨振宁是深信不疑的。以他对邓稼先专业能力的了解，完全可以确信他绝对堪此重任。而后者，令他一直心存疑虑。在京几日，他思虑再三，始终没能问出口。

就这样，一直拖到了临别的最后时刻。上飞机之前，杨振宁正要通过停机坪的栅栏口，却戛然止步。他缓缓转过身，拉住送行的老朋友，轻声问道："稼先，我在美国听说，有一个叫寒春的美国人曾经参与研制中

1971 年，物理学家们在北京友谊宾馆前合影
（左起邓稼先、王承书、杨振宁、张文裕）

国的原子弹，这是真的吗？"听闻此言，邓稼先一时间为难极了，究竟该如何作答呢？若回答说"没有"，就等于承认了自己参研原子弹的秘密身份，这是严重违反保密纪律的；但若回答"不知道"，岂不是欺骗了这位自己一生尊重的兄长、挚友，辱没了彼此几十年的深情厚谊？无奈，邓稼先只能用诚挚的目光看着杨振宁，巧妙地回避了正面回答："你先上飞机吧，这事以后再告诉你。"

从机场回来后，邓稼先独自坐在书桌前，良久陷于深思。不管是于公还是于私，杨振宁都是一位极其重要和尊贵的客人，绝不能让他带着那样的失望和疑惑回到美国去。但是兹事体大，他决定立即向上级汇报请示。很快，他接到了周总理的明确指示：如实告诉杨先生，中国的原子弹、氢弹全部是中国人自己研制的，没有任何外国人参加！接到总理办公室的电话，已是深夜。邓稼先激动不已，再难入眠，立刻提笔给杨振宁写信。

邓稼先的亲笔信在翌日清晨由专人搭乘民航班机送往上海。于是，在

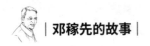

上海市领导为杨振宁饯行的宴会上，有了这样令人动容的一幕——

宾主刚刚落座，就有工作人员敲门进来，将信直接交到了杨振宁的手上。抑制不住内心的好奇与迫切，杨振宁当即拆看。信中，老朋友十分肯定而明确地告知，在中国的原子弹、氢弹研制过程中，没有任何外国人参加，全部是由中国人靠自己的力量干出来的！

看完这封简短的书信，杨振宁顿时难以抑制内心巨大的波澜，肆意的泪水不知不觉盈满了眼眶。他不得不抱歉地起身离席，去洗手间整理仪容，平复自己激动的心情。

他伫立良久，心潮起伏。作为一个身居学术前沿的物理学家，他实在太清楚这其中的艰难，那根本是常人难以想象的！新中国的建设发展刚刚起步，经济基础如此薄弱，一切从零做起，研制核武器，谈何容易！然而，稼先做到了，中国人做到了，祖国成功了！这是何其伟大的壮举！

邓稼先的夫人许鹿希曾在采访中讲述了自己对这一幕的理解："我与杨先生曾有过面对面谈话和信件的交往。以他的应变能力，可达外交家与政治家的水平。他风度傲然，令人很难看到内里。他在人前不能控制自己的情绪，是因为他在海外盼望过的强国梦，被他的同学实现了。中国人再不必有屈身向外之感了。"

回到美国之后的杨振宁在美国很多大学和中国城做了演讲，他告诉美国人中国近些年来翻天覆地的变化，在当地华人中引起了巨大轰动。为此，美国中情局多次找他谈话。此后，他更加关心中国的科学事业，多次到中国讲学和访问。

每次来华，只要条件允许，杨振宁一定要约见邓稼先，二人之间似乎永远有叙不完的友情。可以说，杨振宁对国内情况了解得越深入，就越能理解邓稼先面临的困难和做出的成绩，对其便愈加敬重和爱护。

　　每次相见，邓稼先也总能收到杨振宁带给他的礼物。这位兄长总是心思细腻，多年来还清楚地记得稼先年轻时的喜好，知道他一向恬淡随和，特别喜欢京剧和交响乐。杨振宁特意挑选了一张贝多芬第六交响曲的密纹唱片。这首著名的《田园交响曲》细腻动人，朴实无华，美好而安逸，与稼先的性格如此契合。足可见赠者之用心。在邓稼先即将 60 岁的时候，杨振宁又从美国买来一副设有计算机程序的国际象棋，嘱咐邓稼先平时不要太过忘我工作，一定要注意劳逸结合，闲暇时可以用这副象棋独自与计算机对阵。对杨振宁的这份心意，邓稼先欣然接受，但是对老友的叮咛，他却没能兑现。这副国际象棋，一直静静地躺在家中的柜子里。

　　1985 年 7 月到 1986 年 7 月是邓稼先生命的最后一年。杨振宁得知老友身患重病，先后于 1986 年 5 月 30 日和 6 月 13 日两次去医院探望。

　　两位老友见面，依旧谈天说地，有说有笑。邓稼先高兴得早已忘记了病痛。杨振宁提议合影留念。为了迎接老友，邓稼先一早就脱下了病号服，换上一套干净整洁的灰色中山装。听说要合影，他又认真地系好风纪扣，梳理了头发，走出病房，来到视野开阔的阳台上。二人微笑着留下了这珍贵的瞬间。邓稼先开心地笑着，笑容却难掩憔悴的面容，嘴角上甚至还挂着没来得及擦净的血迹。殊不知，从开始的口鼻经常出血，恶化到最终的全身大出血，此时他的生命已经进入最后一个多月的倒计时。

　　临别前，杨振宁送上为老朋友准备的一大束鲜花。鲜花静静地绽放在病房的窗台上，邓稼先常常凝视着它们，仿佛能透过它们感受到老友的支持和安慰。他平静地对妻子许鹿希说："外国人的习惯是在朋友的墓前送上一大束鲜花，振宁他知道我不行了。"

1986 年 6 月杨振宁前往医院探望病中邓稼先时的合影

　　回到美国后，杨振宁立即设法买到当时尚未上市的抗癌新药，并拜托韩叙大使通过信使迅速送往北京，一并送达的，是对老友无尽的牵挂……

7
无尽的思念

1986 年 7 月 29 日晨，暮色渐渐隐去。

病床上虚弱不堪的邓稼先费力地缓缓侧过脸，望向窗外。这个时候，是他最爱的黎明，是一天紧张有趣生活的开始。树叶在朝阳的金辉里生发出勃勃生机。看着这一切，心情似乎也能随之充满活力。

一年之中，邓稼先经历了大小 5 次手术，仍无法阻挡死神的脚步。他周身出血严重，鲜血常常猝不及防地从口鼻流出，背部的出血面积足有一尺见方，令人不忍直视。输血已经无济于事，血液缓慢

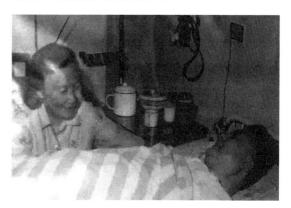

301 医院，妻子许鹿希陪伴在邓稼先身边

注入血管的速度完全赶不上全身出血的速度。病痛难耐，止痛针从一天一针发展到一小时一针，肌肉注射的部位像筛子一样布满了密密麻麻的针眼。

下午 1 时，邓稼先再次出现全身大出血。这一次，医护人员的全力抢救也未能挽留住他离去的脚步。邓稼先与世长辞，享年 62 岁。

一颗科学巨星就这样悄然陨落。

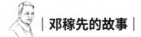

邓稼先留下遗言：死而无憾。他之死而无憾，在于他为我国核武器事业的开创和发展马不停蹄地奋斗了一生，取得了一个又一个骄人的成果；在于他奉献出个人的一切乃至生命，毫无保留；在于他抛却名利，即使遭受误解委屈也无怨无悔；在于他不折不扣地实现了当初的诺言，"我的生命就献给未来的工作了。做好了这件事，我这一生就过得有意义，就是为它死了也值得"。

人们用属于自己的方式表达对邓稼先无尽的思念。

张爱萍将军是与邓稼先前后共事 20 余年的老领导。他们共同经历了核事业起步的艰难，也共同体验了第一颗原子弹爆炸时的紧张和喜悦。素有儒将之称的张将军听闻稼先逝世的消息，悲痛万分，当日书写悼词一首，回忆了稼先的辛勤劳碌，赞颂了他的杰出贡献和崇高品质。悼词中写道：

踏遍戈壁共草原，二十五年。连克千重关，群力奋战君当先。捷音频年传。蔑视核讹诈，华夏创新篇。君视名利如粪土，许身国威壮河山。哀君早辞世，功勋泽人间。

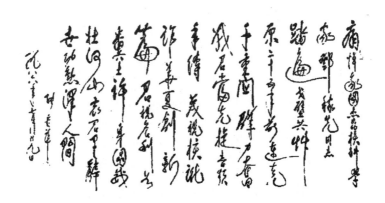

1986 年 7 月 29 日邓稼先逝世当日，张爱萍将军为其书写的悼词

与邓稼先共事多年的同事、战友多以撰写文章，创作诗词，书写传记等多种形式，寄托哀思。杜祥琬的一首《悼老邓》，以平易朴实的词句真切地描绘了同事们眼中的邓稼先。

悼老邓

和平岁月未居安，一线奔波为核弹。健康生命全不顾，牛郎织女到终年。酷爱生活似童颜，浩瀚胸怀比草原。手挽左右成集体，尊上爱下好中坚。铸成大业入史册，深沉情爱留人间。世上之人谁无死，精忠报国重如山！

游泽华是邓稼先生前的最后一任警卫员，相伴他到生命中最后一刻。邓院长离世后，游泽华常独自伫立在天安门广场。这里人流如织，却已物是人非，追忆往事，不禁泪流满面。那一天，邓院长突然提议要去天安门走一走。游泽华知道，在邓院长眼中，天安门是中国的象征，当年他从美国学成回到北京的第一件事就是去天安门广场看一看。那天天气很好。邓院长在人民英雄纪念碑前的台阶上缓缓坐了下来。他看了看游泽华，突然问道："小游，我今后还有时间来吗？"游泽华连忙回答："要是您身体好了，我随时都陪您来。"邓院长望向远方，意味深长地说："等新中国成立100周年的时候，你来看看我吧，给我讲讲国家的变化。"略做停顿，他又改口说："不用等到100周年，50周年的时候，你就来看看我吧。"

就在这段对话之后不久，邓院长就永远地离开了。

7月31日，远在大洋彼岸的好友杨振宁听闻噩耗，向邓夫人发来唁电："稼先为人忠诚纯正，是我最敬爱的挚友。他的无私的精神与巨大的贡献，是你的也是我的永恒的骄傲……"8月15日又写来书信："稼先去世的

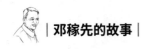

消息使我想起了他和我半个世纪的友情。我知道我将永远珍惜这些记忆。希望你在此沉痛的日子里多从长远的历史角度去看稼先和你的一生，只有真正永恒的才是有价值的。"9月23日再次来信："是的，如果稼先再次选择他的途径的话，他仍会走他已走过的道路，这是他的性格与品质。"

1987年10月23日，杨振宁再次来到北京。而这一次，已经不再能与挚友畅叙友情，只能在他的墓前献上饱含思念的鲜花。

天气阴沉，空气微湿，八宝山墓园内寂寥空旷，笼罩在一片悲凉的气氛中，只有路边的青松翠柏依旧挺拔翠绿。杨振宁在国务委员宋健等人的陪同下，向鲜花丛中邓稼先的遗像敬献花篮，白色的挽联上题写着"邓稼先千古 杨振宁敬挽"的字样。

杨振宁在邓稼先遗像前伫立良久，轻声问邓夫人："稼先这张照片是什么时候照的？"邓夫人回答："是在原子弹、氢弹都已经成功之后，1971年照的，当时他47岁。"

简短而庄重的扫墓仪式结束后，邓夫人捧着过一只蓝色的盒子，双手呈到杨振宁面前。盒面上写着"振宁，致礼存念"，落款"稼先嘱咐，鹿希赠 一九八七·十"。杨振宁的目光掠过之时，在"稼先嘱咐"四个字上特别停留。邓夫人将盒盖打开，里面整齐地摆放着出自二人共同家乡安徽的文房四宝——石制笔筒、笔架、墨盒、笔盂、镇尺和长方石印。邓稼先最后嘱托，将这套光洁如玉的家乡特产留送给杨振宁先生，以表达和寄托二人忠诚而纯洁的友谊长存。此时的杨振宁再也不能控制情感，热泪夺眶而出。

1987 年 10 月杨振宁在八宝山革命公墓向邓稼先敬献的花篮

"邓稼先的一生是有方向、有意识地前进的。没有彷徨，没有矛盾。"这是杨振宁对这位故友所做出的中肯评价。

妻子许鹿希时常回味与稼先聚少离多的一生。面对国家民族大义，稼先说："死而无憾。"面对妻子，他又深情地说："这么多年，可苦了你了！"这句话虽饱含着丈夫对妻子和家庭深深的愧疚，但是如此足矣，夫复何求？深陷病痛的折磨，稼先始终表现得克制又平静，妻子只能表面报以微笑，背地偷偷流泪。

许多年后，许鹿希仍然居住在当年为苏联专家修建的小楼里。如今，虽然房屋陈设都陈旧得能把人一下子带回 20 世纪 70~80 年代，但是这里有自己与邓稼先太多的回忆，她舍不得搬走。邓稼先生前所有的用品陈设被精心保存，完好如初。每一件东西都被细心地贴上手书的标签，一些小的物件还套上了防尘的塑料薄膜。塞满书橱的中英文资料，办公用的书桌，与杨振宁交谈时坐的沙发，曾经日夜繁忙、直通试验基地的红色电话

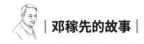

机……在这个狭小的空间中，稼先的音容永在。往后余生，许鹿希要在这里守护他们永远的地老天荒。

28年，弹指一挥间；62岁，短暂的一生。当人们准备颂扬这位功臣时，他却平静地辞世而去。邓稼先逝世十三年后，国庆五十周年前夕，党中央、国务院和中央军委为其追授"两弹一星"功勋奖章。

邓稼先，我们心中不朽的英雄，值得中国人民永远地纪念与缅怀！

《侨界杰出人物故事丛书》
已出版书目

1.《陈嘉庚的故事》，李戍逊、陈晨编著，北京：中国华侨出版社，2020 年 1 月

2.《钱学森的故事》，隋倩编著，北京：中国华侨出版社，2020 年 3 月

3.《李林的故事》，王宝国著，北京：中国华侨出版社，2020 年 3 月

4.《李四光的故事》，马晓荣编著，北京：中国华侨出版社，2020 年 4 月

5.《钱伟长的故事》，王海燕编著，北京：中国华侨出版社，2020 年 4 月

6.《司徒美堂的故事》，李丹、宋旭民编著，北京：中国华侨出版社，2020 年 4 月

7.《竺可桢的故事》，张敏编著，北京：中国华侨出版社，2020 年 4 月

8.《何香凝的故事》，刘松弢编著，北京：中国华侨出版社，2020 年 8 月